蒋维乔

著

中国现代学术
名著撷珍

中国近三百年
哲学史

中国言实出版社

图书在版编目(CIP)数据

中国近三百年哲学史 / 蒋维乔著. -- 北京：中国
言实出版社，2025.1. --（中国现代学术名著撷珍）.
ISBN 978-7-5171-5050-3

Ⅰ.B249；B25

中国国家版本馆CIP数据核字第2025MA1058号

中国近三百年哲学史

责任编辑：史会美
责任校对：王君宁

出版发行：中国言实出版社
地　　址：北京市朝阳区北苑路180号加利大厦5号楼105室
邮　　编：100101
编辑部：北京市海淀区花园北路35号院9号楼302室
邮　　编：100083
电　　话：010-64924853（总编室）　010-64924716（发行部）
网　　址：www.zgyscbs.cn　　电子邮箱：zgyscbs@263.net

经　　销：新华书店
印　　刷：北京盛通印刷股份有限公司
版　　次：2025年4月第1版　　2025年4月第1次印刷
规　　格：880毫米×1230毫米　　1/32　　6.375印张
字　　数：100千字

定　　价：49.80元
书　　号：ISBN 978-7-5171-5050-3

出版说明

　　一百多年前兴起的新文化运动作为一场重要的思想启蒙运动，为中国现代学术的产生扫清了思想观念方面的障碍。其中，民主思潮的发展演变促进了国内学者在研究对象和内容认识上的现代化，科学精神与方法的宣传和提倡则为国内学术研究的客观化和规范化奠定了重要的思想基础。彼时的国内学术界经历了新文化运动的洗礼，经济学、政治学、法学、社会学、人类学、心理学、教育学等新兴学科应时而生、初绽锋芒，至于史学、文学、哲学、语言学、伦理学、考古学等传统学术领域也不乏革故鼎新、推陈出新之作。一时间，名家大师之作层见叠出，国内出版业之百年昌明可谓肇始于此。二十世纪二十年代至四十年代的这三十年，特别是前二十年，堪称中华第一座现代学术高峰，其间衍生的学术与思想之新变带动了中华大地各领域的全面转型，对后世中国学术演进的作用之深刻、影响之深远自不待言。

　　"中国现代学术名著撷珍"系列丛书收录成稿于现代（1919—1949年）的国内原创学术名著，涵盖史学、文学、哲学、经济学、政治学、法学、社会学等诸多人文社会学科，意在使学术彰明较著，使源流历历可考。

丛书所录著作版本不一，且多有错讹，择其善本为底本，参校他本，以正谬误。原稿为直（横）排繁体者，一律改作横排简体；原稿无标点或仅有简单句断者，一律改为新式标点。除此之外则尽量保持原书原貌：作者引用他人文章有更改省略者，非有根据不予更改；作者自有其文字风格、语言习惯，如非笔误、计算错误、拼写错误，不予更改。

"中国现代学术名著撷珍"系列丛书专业性强、文字量大，编校工作颇为繁重，编辑、校对、录排人员虽付出颇多心血，难免力有不逮。若发现书稿中存在错漏之处，烦请读者谅解之余不吝指正。

本丛书编辑部

目　录

总　论

　　自清康熙初年（纪元一六六二）以迄于今三百年中间，学术思想之剧变，不亚于周秦诸子之时。明代中叶，阳明学派，风靡一世，及其末流，则徒骋游说，毫无实际；遂启反动之机。明清之交，遗民顾炎武、黄宗羲等，提倡经世致用之实学，开有清一代之学风；顾氏尤为考证学之鼻祖。清代之考证学，推倒宋明之性理学而代兴，可以表现时代之特征。然于哲学上，则供献殊鲜。至于现代西洋思想，渐渐输入，而哲学思想，将来必放一异彩，可断言也。

　　综观近三百年之学术思想，可分两大时期：一为复演古来学术；二为吸收外来思想。当宋明理学衰颓之时，有考证学派出，排斥宋学之空疏，自唐溯汉，提倡许郑之朴学。无论治经治史，以及诸子，皆重训诂，凭实证，用科学的精神，整理古籍，是即考证学之特长。清代自康雍以至乾隆时，考证学发展至极点，特尊之曰汉学，以示别于宋学。实则复演前代之学术，自宋以倒溯至东汉也。至乾嘉以后，考证之途已穷，学者无可致力。且域外交通大开，中外思想接触，觉我国所以贫弱，外国所以富强，必有重大之原因在。才智之士，对于政体与社会根本组织，均起怀疑；而以清廷禁网尚严，不敢公然反对，乃为文艺复兴之运动；即道咸以后所产生之公羊学派是也。此派庄存与、刘申受倡之于前，龚自珍、魏源继之于后，而大振于康有为。实则推倒考证家东汉之古文学，而复演西汉之今文学也。至于今日，则学者对于周秦诸子之研究，极盛一时；凡关于诸子之整理解释，以及阐发其哲学思想之著作，日出不穷。此则由西汉而复演及于周秦也。且自殷墟龟甲文出土后，经罗振玉、王国维注释以来，考证学又一转而为考古学；发现古代社会，在殷朝尚是石器青铜器时代；而文字尚在创造之中。于是对于经典所称唐虞三代之文明，顿起怀疑。此考古学今日尚未大盛，发掘工作尚未完成，将来于学术上必有一番大改革，可无疑义。此则自周秦以复演至于殷代也。此复演古来之学术，层层倒溯而上，颇为奇观；经一次复演，必有一次之创获，使后之学者，得所依据，其功不可没也。此外有颜元之实用派，直标周孔以自别于程朱；彭绍升、罗有高从王学入手，而归宿于佛门；皆有特异之色彩者也。至于吸收外来思想，其发端远在明末，徐光启与西洋教士，翻译天算水利诸书，是为外学输入之第一期。清康熙帝时，用西洋人利玛窦、汤若望等，改正历算，编《历象考成》、《仪象考成》等书，是为外学输入之第二期。同治年间，曾国藩办江南制造局，翻译制造、测量、格致、兵书，是为外学输入之第三期。此一二三期中，所注意者，类皆偏重物质科学，于思想上并无影响。迨至近世，严复译出《天演论》、《群学肄言》等书，始于国人思想上，发生大影响。同时，王国维介绍康德、叔本华、尼采之学说。至近十余年中，外国哲学家如杜威、罗素，亲到中国讲演，中外思想之接触，日近一日，必有结合之时期。证以我国历史之先例，如佛教在汉末输入中国，经过魏晋南北朝至唐代，而国人方能尽量吸收，自创天台、华严两宗；再至宋代，儒家方融合道佛为一炉，自成性理之学；凡千余年，而始将外来思想融合消化，以成为学派；则此后吸收西洋思想自成中国哲学，其为期固不在近也。

由上所说：则近三百年之哲学思想，固可分为两大时期，前期又可分为理学派、考证学派、公羊学派；后期则为介绍西洋思想派，今依次述之。

第一编

复演古来学术之时期

第一章　程朱学派

第一节　顾炎武

一　略传及著书

顾炎武，字宁人，号亭林，昆山花浦村人。生于明神宗万历四十一年（纪元一六一三），殁于清康熙二十一年（纪元一六八二），年七十岁。性耿介绝俗，状貌英秀，事继母王氏甚孝。明亡时，清师下江南，炎武纠合同志，举义兵，不成，昆山城破。母年六十，谓炎武曰"我虽妇人，然义不可屈"；不食而卒。临终，以世食明禄，勿仕二姓，诫炎武。炎武奉遗教，终生不渝。周游天下，所至考其山川风俗，古今治乱之迹，自金石碑碣，以及地理经济之学，无所不通。出游时，后车满载书籍，作实地之参考。见闻既广，卓然自成一家，当代咸目为通儒。康熙十六年，始卜居陕之华阴。诸生有请讲学者，谢之曰："近日李二曲，亦以聚徒讲学得名，遂招逼迫，几至凶死；虽威武不屈，然名之累则已甚；况东林之覆辙，由此而进者耶。"康熙十七年，诏征博学鸿儒，诸公卿争欲罗致之。炎武乃豫使门人之在京者，辞之曰："刀绳具在，勿速我死。"炎武既负用世之才，未得一试；于是在雁门之北，五台山东，及长白山下，垦田牧畜，以实行其经济政策；垦熟之田，恒交其弟子管理之，故其财用常饶足云。

著书有《日知录》三十二卷；《补遗》四卷；《天下郡国利病书》百二十卷；《肇域记》一百卷；《音学五书》三十八卷；《五经异同》三卷；《左传杜解补正》三卷；《九经误字》一卷；《石经考》一卷；《金石文字记》六卷；《经世编》十二卷；《下学指南》六卷；《文集》六

卷;《诗集》五卷;《历代帝王宅京记》十卷;《昌平山水记》二卷。此外小品著述尚多,大都收入《亭林遗书》。

二　学说

炎武博学多闻,考证精详,长于经济。抱用世之志,最忌空谈。有鉴于晚明王学,类于狂禅,故专奉着实周到之朱学,排斥陆王。尝曰:"古今安得别有所谓理学,经学,即理学也。自有舍经学以言理学者,而邪说以兴。"(全祖望《亭林先生神道碑》)此经学即理学之言,正是推翻宋明理学,而直进于六经根柢之标语。唐鉴有云:"亭林之学,主明体达用,经世济人。以卓荦不群之才,抱俯仰无穷之志,足迹半天下,所交皆贤豪有道之士,而卒著书以老,使人追慕于简策之间而不能置。夫先生之为通儒,人人能言之;而不知先生之所以通,不在外而在内,不在制度典礼而在学问思辨也。是以平心察理,事事求实,凡所论述,权度惟精,往往折衷于朱子。"(《国朝学案小识》)观此,可知炎武之学养,虽不如宋明诸儒,专力于理气心性,然实阐明道之体用，究极于经世之术。其所著《日知录》，最足表显其学风；其求学之精神，为后来考证学之基础；故炎武可谓之程朱派之考证学者。

理气心性之学，自宋迄明，可谓登峰造极。阐发已无余蕴；清代儒者，苦无研究之余地。于是一转其方向，注意及考证学。故哲学思想，可以论述者，虽大家如炎武，亦不免有寂寥之感。然其实践方面，则各有一说。今举其为学之要旨如下：

> 曰博学于文，行己有耻；自一身以至天下国家，皆学之事；自子臣弟友以至出入、往来、辞受、取与之间，皆有耻之事。不耻恶衣恶食，而耻匹夫匹妇不被其泽。故曰：万物皆备于我，反身而诚。(《下学指南》)

此语虽甚简易，然为学经世之纲领，不出乎此。炎武不幸处明清革命之际，不得实施其抱负。然观其言行，真王佐之才也。其与友人论学一书，颇足见其主义之所在。今撮其要点如下：

> 《大学》言心不言性，《中庸》言性不言
> 心。来教单提心字，而未竟其说，未敢漫然许
> 可，以堕于谢上蔡、张横渠、陆象山三家之学。
> 窃以为圣人之道，下学上达之方；其行在孝弟
> 忠信；其职在洒扫应对进退；其文在《诗》、
> 《书》、三《礼》、《周易》、《春秋》；其用之于
> 身，在出处、辞受、取与；其施之于天下，在
> 政令、教化、刑法；其所著之书，皆以拨乱反
> 正移风易俗，以驯至乎治平之用；而无益者，
> 一切不谈。（《与友人书》）

观此：则炎武之践履笃实，根本上极似程朱；而
其专求实际，不落空谈，则又在程朱以外，自成一种朴
学。无怪后来之考证学，推炎武为初祖也。

第二节　陆世仪

一　略传及著书

陆世仪，字道威，号桴亭，江苏太仓人。生于明万历三十九年（纪元一六一一）。长于陆陇其十九岁，与顾炎武、黄宗羲等相先后。当刘宗周在"蕺山书院"讲学时，世仪欲往听讲，未果，一生常引为遗恨。是时流贼横行天下，彼见生民之涂炭，上书朝廷，谓宜破成格"举用文武干略之士"，不报。退而凿地十亩，筑亭其中，高卧闭门谢客，因号称桴亭。明亡后，曾在东林讲学；已而复讲学于毗陵。及归太仓，亦讲学不辍。清朝屡欲起用之，固辞不出。专修"程朱学"，终身从事著述，与陆陇其及张杨园等齐名，海内仰为真儒。康熙十一年，六十二岁卒（纪元一六七二）。

著有《思辨录》二十二卷，《后集》十三卷，此书

前后经十二年之研究而成，故其思想尽在于中。此外有
《论学酬答》四卷，《儒宗理要》六十卷，《性善图说》
一卷，据其《传》，则未刊者尚有数种。《四库全书提
要》评之曰，"世仪之学，以敦守礼法为主，不虚谈诚
敬之旨；以施行实政为主，不空为心性之功；于近世讲
学诸家，最为笃实，其言皆深切著明"，盖确评也。

二　学说

陆氏为学之特色，是能体得程朱着实之旨，不作
虚空之谈。尝谓："天下无讲学之人，此世道之衰也；
天下皆讲学之人，亦世道之衰也"；又曰："今之所当
学者，正不止六艺；天文、地理、河渠、兵法之类，皆
切世用，不可不讲。俗儒不知内圣外王之学，徒高谈
性命，无补于世；迂拙之消，所以来也。"（《思辨录
辑要》卷一）彼讥贬俗儒空迂之外，又举为学五弊曰：
"谈经书而流于传注者；尚经济而趋于权谲者；务古学
而为奇博无实者；看史学而入于泛滥者；攻文辞而溺
于词藻者；是皆不知大道之故也。不知大道，则胸无

主宰，心绪常差错，而不得步于正道。"（《思辨录辑要》卷一）至于何者为大道？则是周公孔子之道，亦即天地自然之道，学者即学此道也。一部《中庸》，只说一个道字；一部《大学》，只说一个学字；原于天者谓之"道"，修于人者谓之"学"，贯天人而一之者，谓之"道学"。是故"道生天地，天地生人；无此道，则天地且不成天地，人又何能念及之！故宏道之君子，不可不竭力从事于道与学。此道在天地之间，本不可见，学道之人，则能见之。'鸢飞戾天，鱼跃于渊'，谓其能深察上下，遍满空中，无不是道"（《思辨录辑要》卷一）。意谓人物之生，本自天人合一而来，能参赞天地之化育，全受全归者，则为圣人。穷其道欲近于圣人者，则为学道之人。其解学道如是；桴亭之道，是儒家之正脉也。至谓圣人是禀天地之正气以生，此是继承程朱之性说。

要之陆氏以为道外无学，道学外无圣人，而圣人即为天地合一者，道之具象化者。故立志读圣贤之书，即为学者；立志行圣贤之事，即为学问。彼以《大学》、

《中庸》为学者入门之书，道学之所寄托者。学之基础，当植于是。而其中居敬，格致，诚，正，修，齐，治，平，即为为学之过程，为国家造就有用之人才，即出于此。其注重实学之一点，所以在清代程朱学派中，为出人头地之学者也。且其言曰：

近世之讲学，多似晋人之清谈，清谈甚有害于事。孔门无不就一语之实处教人。孔子曰"君子欲讷于言，而敏于行"；又曰"敏于事而慎于言"；又曰"君子先行其言，而后从之"；又曰"君子耻其言而过其行"；俱是恐人之言过其实也。正（正德，武宗年号）嘉（嘉靖，世宗年号）之间，道学盛行；至隆（隆庆，穆宗年号）万（万历，神宗年号）而益盛，一日而天下靡然从风，惟以口舌相尚，意思索然尽矣。（《思辨录辑要》卷一）

陆氏于道学之根本论，则始终主张"居敬穷理"

四字。以为是学圣人之第一工夫，"彻上彻下，彻首彻尾，只此四字"。又谓"居敬是主宰处，穷理是进步处，程子亦曰：涵养须用敬，进学则在于致知"（《思辨录辑要》卷二）。此点与程朱殆无出入。

陆氏为学，虽无创说，然以"道生天地，天地生人，人配天地，故能尽道"四句，为周子"《太极图说》"之旨义；其《理气妙合论》，则又打破罗整庵之"道一元说"，究明理气之属性；皆堪注目。盖彼先从太极入手，以太极二字，原本《系辞》，不过祖述孔子之旧；至于主静以立人极之见解，则为周子所独创；《太极图说》全篇之主意，当在此一点。故读此书，但论太极，不察人极，则周子之意旨，当全失却。故云："不知太极，则无天地；不知人极，则无人；此之谓不诚无物。"（《思辨录辑要后集》卷四）其合太极人极为一，而谓二者不可相离，与《中庸》"道也者不可须臾离也，可离非道也"之言，同其旨。离了天道则无人道，离了人道则无天道。盖用浑然一体之理，以观察《太极图说》，而为此说者也。在此点盖受刘念台之

"人极图说"及"动静说"有几分之影响。而以主静二字，立人极之本；以中正仁义，为主静之实落处；凡此总称为圣人之尽性工夫。

中正仁义而主静者，周子立言，甚周匝也。然主静下，又自注曰无欲故静；无欲，无人欲也；无人欲，则纯乎天理矣。是周子以天理为静，以人欲为动；主静者，主乎天理也；主乎天理，则静固静，动亦静矣，岂有偏静之弊哉！（《思辨录辑要后集》卷四）

此中正仁义，即是圣人之道；中正仁义之外，别无所谓主静。离中正仁义而言主静，则非主静。与五行之外，别无阴阳；五行即阴阳，阴阳即太极之理相同。

彼于理气说中，又认理气二者，为不可分。此说先儒皆未论及；只有朱子说过"必先有是理，而后有是气；既有是气，则是理也"。又论万物之一原，则谓"理同而气异"；论万物之异体，则谓"气犹相似理绝不同"；此四语实具卓识。凡论理气之学者，皆当引为标的。故云："学者宜取此四言参伍错综，寻求玩味，胸中贯串通彻，务使无一毫疑惑而后可。如是则于天地万物性命之理，当自能了然而无间。"又对于罗整庵"周子无极之真，二五之精，妙合而凝"三语，以为"凡物必两而后可合，太极阴阳，果为二物，则方其未合之先，各安在耶"之疑问，论述之如次：

> 整庵言理气，亦固陋也；夫气即是理；以为气中则有理而非气，是即理也；既非气则是理，则安得不为二物？（《思辨录辑要后集》卷一）

又曰：

> 整庵以为气集便是集之理之谓；气散便是散之理之谓；惟其有集有散，是乃所谓理也。是则就集散上观理，而不知所以为集散之理也。

宜其于程朱之言，多有所未合。（《思辨录辑要后集》卷一）

彼认整庵之理气；堕于形器之中，而未能体得浑然融合（理气之一元）体现天地之妙用之理。盖周子哲学，决非二元论；整庵不达此旨，宜乎怀疑不决也。

其次是彼之性说，以为性即是气质；本然之性，不可称为性。后来儒者，率以孟子之性善说为本，以为本然之性，浑然至善，纯粹未发，此言决不得当。所谓性者，不是此种本然之性；孟子之性善，亦不是此种意思；孟子是就天命上说，是说命善，不是说性善。天命之初，吾人尚未落于气质，故此说可以成立。厥后朱子欲发见至善之根据，亦言性善；但朱子于"继之者善也，成之者性也"之分别，初不甚了了。又伊川、朱子论性时，皆曾分性为本然、气质二者，而以为前者即孟子之性善，后儒亦附和此说。然孟子之言性善，乃《中庸》"天命之谓性"之类。只就天命上说，未落于气质。然孟子又有"人无有不善"之言，是就人生以后看，即下愚浊恶，无有不性善者。盖孟子论善，只就四端发见处言，因其称端，即知有仁义礼智；人人有四端，即人人有性善也。此是说人人有为善之资质。有为善之可能性耳；决不必说到人性浑然至善，未尝有恶，然后谓之性善，以释氏所谓真性者当之。要之性字，必落于后天之气质，而始有性可称。如周子之说为最妥。其言云：

> 惟人也得其秀而最灵，形既生矣，神发知矣；曰：形生质也；神发气也；形生神发，而五性具足。是有气质而后有性也。不落气质，不可谓之性；一言性便有气质。（《思辨录辑要后集》卷四）

此论颇有根据，就《易》一阴一阳章而区别之，则自来所传孟子之性善说乃就天命之初"继之者善"之处立论，未尝说到"成之者性"。而陆氏则谓在"成之者性"以前，不得著性字；既说"成之者性"，便属气质矣。

彼又赞周子曰：

　　诸儒中论性，莫如周子最明白，最纯备，《通书》首章曰：诚者，圣人之本，大哉乾元，万物资始，诚之源也。乾道变化，各正性命，诚斯立焉；纯粹至善者也。故曰：一阴一阳之谓道，继之者善也，成之者性也；元亨诚之通，利贞诚之复，大哉《易》也，性命之源乎！只就元亨利贞上，看出继善成性处，不过一诚字，则实理也，能全此实理者惟圣人；故曰诚者圣人之本。（《思辨录辑要后集》卷四）

　　陆氏以为惟气质方可称为性；若善恶之分歧点，则在于诚德之成就如何而见之。故又说惟周子"性者刚柔善恶中而已矣"一句中之"而已矣"三字，最为竭尽无余之辞。从来论性之人，无有比此语更简而得要者。而后来儒者罕称之，盖皆以此言为专论气质，而不知气质之外，初无所谓性也。程张朱诸子之论性，千言万语，其实不能及此。陆氏如此断定，用气质一元论，充足周子之说；又用作自己之性说。彼固理气一元论者，于性说以一元始终之，可谓彻底之学说。

第三节　陆陇其

一　略传及著书

陆陇其，字稼书，浙江平湖人，生于明崇祯三年（纪元一六三〇）。唐名相陆贽之后也。康熙九年，进士及第，年四十一，授江苏嘉定县令，专以德化人，治行称天下第一。后为直隶灵寿县令，与诸生讲论，著《松阳讲义》十二卷。为说百八十章，随时举示，非逐节讲解。时黄宗羲之学，盛行于西方；陇其不以为然，再三致意此编，以启导后学。在任八年，民风士习，皆大改善。后征入京，补四川道监察御史；在职一年，知无不言；以争纳捐事，触政府忌，引疾归。未几，致仕，屏居于华亭之泖口，大振风教，益以明道觉世为己任。偶犯病，遂不起，年六十三（康熙三十一年）（纪元一六九二）。圣祖深悼惜之，曰："本朝如此之人，更不多得。"陆氏资性笃厚，有古人风，言清行超，人格高尚，故到处能改进风教。乾隆二年，赐谥清献。时人称为"当湖先生"。"三鱼堂"，即其书斋名。著有《三鱼堂集》十二卷，《外集》六卷，《賸言》十二卷，以上收于全集中。此外《松阳讲义》十二卷，《四书讲义困勉录正续》三十七卷，《问学录》四卷，《读朱随笔》四卷，《读礼志疑》六卷，均为重要之作。

二　学说

清初之诸名家，卒皆指摘"王学"末流之弊，以图刷新。然于程朱陆王，则又取兼摄主义。至稼书方粹然宗朱子弃余家，以明圣学根原振兴教化为事。其《学术辨》三篇；是为破阳明明程朱之道而作。谓世之儒者无操守，信源流不清之"王学"，以为与圣教大同小异。此种现象，若放任之，将真伪杂糅；圣教且不能维持。抑学问中本有"立教之弊"及"末学之弊"二种：源清流浊，末学之弊也；源浊流又浊者，立教之弊也。学程朱而滞于偏执，是末学之弊；若夫阳明之教，则其源已浊，徒咎末辈，复有何益？于是一转而辟王学之内容；盖阳明以禅之实而托于儒，其流害固不可胜言矣。吾人止一究其与禅相表里之处，则其心性之辨，一切自明。夫人之生也，气集成形；气之精英，集而成心；所以心是神明不测，变化无方；而具于是气之中之理，即性也。故程子曰"性者即理也"；邵子曰"心者，性之郭郭也"；朱子曰"灵所是心不是性"；是皆说心也者，性之所寓而非性也。性也者，寓于心而非即心也。但禅家则不然，以知觉为性，而以知觉之发动者为心。故彼所谓性，即吾儒之心；彼所谓心，即吾儒之意志。是故灭彝伦离仁义，诡怪张皇，自放于准绳之外，而不知此即是性，而误解之为心。以为知觉所生一切人伦庶物之理，皆因"我"为障累而然。至欲取此一切，尽举而弃之。而阳明毫不加察，采其学说，谓性无善无恶，盖指知觉为性而言；而言良知，言天理，言至善，莫非指性而言。阳明之言曰"释氏本来面目，即吾人所谓良知"；又云"良知又即是天理"；又云"无善无恶，乃所谓至善"；其为说纵横变幻，不可究诘，而其大旨亦可睹矣。充其说则人伦庶物，于我何有，特以束缚于圣人之教，不敢肆然决裂也。彼又为之说云："良知苟存，自能酬酢万变，非若禅家之遗弃事物也。其为说则然。然学者苟无格物穷理之功，而欲持此心之知觉以自试于万变，其所见为是者果是，而所见为非者果非乎？又况其心，本以为人伦庶物，初无与于我，不得已而应之；以不得已而应之心，而处夫未尝穷究之事，其不至于颠倒错谬者几希。其倡之者，虽不敢自居于禅，阴合而阳离；其继起者，则直以禅自任，不复有所忌惮；此阳明之学，所以为祸于天下也。"（全集卷二《学术辨中》）

陆氏既推倒阳明，于是尽力研究程朱学而拥护之，且宣传程朱。以为此二人，是维持风教之伟人，确为圣门正学。朱子之穷理主敬，即孔子之多学而下问，故学问之要，必穷理与主敬，二面兼施；穷理而能居敬，方不流于玩物丧志；居敬而能穷理，方不堕于猖狂恣睢。是则程朱之问学工夫，要为最妥当者也。

陆氏于学理方面，更有太极理气二论，虽本于周朱二子之《太极图说》；但其精密处，更有可观。

夫太极者，万物之总名也。在天则为命，在人则为性；在天则为元亨利贞，在人则为仁义礼智；以其有条而不紊，则谓之理；以其为人所共由，则谓之道；以其不偏不倚，无过不及，则谓之中；以其真实无妄，则谓之诚；以其纯粹而精，则谓之至善；以其至极而无以加，则谓之太极；名异而实同也。学者诚有志乎太极，惟于日用之间，时时存养，时时省察，不使一念之越乎理，不使一事之悖乎理，不使一言一动之逾乎理，斯太极存焉矣。（全集卷一《太极论》）

"太极说"自周子，至于朱子，已臻精密；陆氏更取此理由具体的说明之，其中虽乏创见，然在太极思想之发展上，可供参考。至其理气说：则谓"明万殊之理气不难，而明一本之理气则难；一本之在人心易见，一本之在天地难知"。又以朱子之"理不离气，气不离理"，为"其分合不可疑也"；且谓"须先说有此理，则其先后无可疑；惟有此理，则理必有所会归，有此气，则气必有所统摄，天下未有无本而能变化无方者，未有无本而能流行不竭者；而理气之本，果安在耶？今夫盈于吾身之内者，皆气也；而运于其气之内者，理也"。（全集卷一《理气论》）其意谓理气之根源是一本，而其本则在于心；"心者，气之精英所集，而万理之原也"。故谓造物之理气，为散漫无所主宰，即是妄言；主宰之所在，即一本之所在。若夫为主宰者，则无思虑，无营为，能使百物自生，四时自序。理与气要为不可分，一而二，二而一，不离又不杂。朱子所谓"无无气之理，无无理之气"之言，最为得当。此即陆氏所主张。

陆氏为人为学，皆真实而稳健。其所言皆得程朱之粹；且充足朱说，以辟异归正，为自己之天职，终身不渝。守护一贯之程朱学施用于实地，且收极大之效果。

第二章　陆王学派

第一节　黄宗羲

一　略传及著书

长于顾炎武者四年，且后死于顾炎武者十四年，树立清初一大学统之人，即是黄宗羲。其学派不如顾炎武之扩大，然其所著《明儒学案》，当为"中国学术史"最初之作，其史学造诣之深，当与王船山相伯仲。其《易学象数论》六卷，与胡渭之《易图明辨》，互有发明，辨河洛方位图之非，颇多创说。而其《律吕新义》二卷，特开乐律研究之端绪。天算学为梅文鼎天算学之先导。其明敏之头脑，不逊于顾子。

　　宗羲字太冲，梨州及南雷，皆其号，越之余姚人，生于明神宗万历三十七年（纪元一六〇九）。父忠端公尊素，乃明室忠臣，为宦者魏忠贤所害，死于狱。梨州怀铁椎，欲报父仇，值逆阉已死，因手刺杀其父之狱卒，上书请诛逆臣，其气概凛烈如此。父遗命就学于刘蕺山，因奋起以扫越中之野狐学为能事。又体父"学者不可不通晓史事"之遗训，从有明《十三朝实录》起，上至《二十一史》，无所不研，更欲攻究九流百家之蕴奥，发家中藏书遍读之；不足，则出外游历，以补其缺，其博学勉励又如此。二弟宗炎、宗会亦有才学，彼教之使同成名。国亡时纠合志士御清兵，出入危难，九死一生。后奉母归里门，专心著述，教授子弟。康熙十七年，诏征为博学鸿儒，以年老固辞不出。圣祖乃命巡抚抄其所著关于史事者，送至京师，而召其养子百家，高弟万斯同使参订之。八十三岁，尚读书不废，常至午夜。康熙三十四年，以八十六岁之高龄殁。所著如上记诸书外，尚有《明儒学案》六十卷，全氏补足《宋元学案》百卷，《南雷集》二十卷，《文定》、《文约》合四十卷，《明文海》四百八十二卷，《明史案》二百四十四卷，及其他数十种。

二　学说

宗羲是刘念台之高弟，念台以慎独二字为学的，梨洲亦修慎独之阳明学者。但其该博之知识，固不以"阳明学"自封。所著《明儒学案》一书，虽有人谓彼为护"阳明学"而作；但其史笔，决不偏于一方，长其所长，短其所短，客观态度，溢于全书。惟不慊于晚明"阳明学者"之流于口头禅，尤于越中周海门以后，学弊之深，多所不满，欲一洗此风，而复于阳明当年。故曰："明人讲学，语录之糟粕耳；不以六经为根柢，束书不读，而从事于游谈。学者当先穷经，然拘执经术，不足以经世，欲免为迂儒，必兼读史。"又曰："读书不多，则无以证理之变化，读书多而不求诸心，则又为俗学。"（《清史·黄宗羲传》）观其言，明明是不埋头于心即理说，而表示其兼取朱王之态度。故受其教者，不蹈讲学之流弊，亦不为障雾之妄言。万氏兄弟大史家，全氏祖望，质实之学者，皆出其门。其刚毅之风，足以破当时雷同附和于"心万殊说"之小儒。故曰：

> 盈天地，皆心也；变化不测，不能不万殊；心无体，工夫所至，即其本体。故穷理者，穷此心之万殊，非穷万物之万殊也。是以古之君子，宁凿五丁之间道，而不假邯郸之野马，故其途亦不得不殊。奈何今之君子，必欲出于一途，使美厥灵根者，化为焦芽绝港。夫先儒之语录，人人不同，只是印我之心体，变动不居；若执定成局，终是受用不得。此无他，修德而后可讲学；今讲学而不修德，又何怪其举一而废百乎！（《明儒学案序》）

此痛切之言，学者当正襟领受者。盖举万物之万殊，归于一心，以心理之阐明及修德之工夫为先，而以讲学为后。此言虽为陆王之言，然以心为万殊，而欲实现自己之心之处乃属于伦理上之自我实现说，不外发挥自己之人格及自己之个性也。

三 政治哲学

清初学者，人人不慊于明学之空疏，而以提倡经世致用为主旨。宗羲尤因精研史学，熟于古今治乱兴亡之事迹，议论尤有根柢。不落于抽象之说，而独标具体的实际的论旨，使人读之，感一种痛快之趣味。所著《明夷待访录》，正如今世所谓"政治哲学"，以民利民福为主眼，以民本主义为政治之本质。其意君主本为人民而设，即上世之酋长；此酋长，而有蔑视民意，自图私利之行为，则非君主而为独夫；如此其君主之资格自当剥失，汤之放桀，武王之伐纣，其目的在为民，自是事理上当然之行动。盖以亿兆人之心为心，方可称为圣人，称为君主。是故伊古以来，因为君主之责任重大，而不欲自劳其身心者，有许由、务光；虽为君主，而让位于人者，有尧舜；初不欲为，而卒不得已而为之者，有大禹；可见三代以上之帝皇，皆不得已而为之。三代以后，则以天下为一姓之私产，视万民为己之臣妾，视土地为己之产业，立法之精神，全变为私法，绝无公法之内容。盖三代之时法尚存在，三代以后则法意全非矣。黄氏盖以孟子之王道，为政治本体；从社会学上之见地，应用史实，而与孟子王道以学理上之根据，树立其民本政治之哲学。彼以此理论为基础，而涉及一切之政治问题，如云以人民为主，则政治难行，当选举一人，依赖以行。此其见解，虽与现代民本主义，尚有消极积极之差，然于大体是以人民本位为主眼，与民主政治相似。近代初革命时，为鼓吹民本共和之精神起见，一般志士，曾密印此书数十万部，颁布全国，且大收其效果。（梁启超《清代学术概论》）《明夷待访录·原君》篇曰：

　　有生之初，人各自私也，人各自利也，天下有公利而莫或兴之，有公害而莫或除之。有人者出，不以一己之利为利，而使天下受其利；

不以一己之害为害，而使天下释其害；此其人之勤劳，必千万于天下之人；夫以千万倍之勤劳，而己又不享其利，必非天下之人情所欲居也。故古之人君，量而不欲入者，许由、务光是也；入而又去之者，尧舜是也；初不欲入而不得去者，禹是也；岂古之人有所异哉！好逸恶劳，亦犹夫人之情也。后之为人君者不然，以为天下利害之权，皆出于我，我以天下之利，尽归于己，以天下之害，尽归于人，亦无不可。使天下之人，不敢自私，不敢自利，以我之大私，为天下之大公，始而惭焉，久则安焉，视天下为莫大之产业，传之子孙，享受无穷。汉高帝所谓某业所就，孰与仲多者，其逐利之情，不觉溢之于辞矣。此无他，古者以天下为主，君为客，凡君之所毕世而经营者，为天下也。今也不然，以君为主，天下为客，凡天下之无地而得安宁者，为君也。是以其未得之也，屠毒天下之肝脑，离散天下之子女，以博我一人之产业，曾不惨然！曰：我固为子孙创业也。其既得之也，敲剥天下之骨髓，离散天下之子女，以奉我一人之淫乐，视为当然，曰：此我产业之花息也。然则为天下之大害者，君而已矣。向使无君，人各得自私也，人各得自利也。呜呼！岂设君之道，固如是乎！古者天下之人，爱戴其君，比之如父，拟之如天，诚不为过也。今也天下之人，怨恶其君，视之如寇雠，名之为独夫，固其所也。而小儒规规焉以君臣之义，无所逃于天地之间，至桀纣之暴，犹谓汤武不当诛之；而妄传伯夷、叔齐无稽之事。使兆人万姓崩溃之血肉，曾不异夫腐鼠，岂天地之大，于兆人万姓之中，独私其一人一姓乎？是故武王圣人也，孟子之言，圣人之言也。后世之君，欲以如父如天之空名，禁人之窥伺者，皆不便于其言；至废孟子而不立，非导源于小儒乎？虽然，使后之为君者，果能保此产业，传之无穷，亦无怪乎其私之也；既以产业视之，人之

欲得产业，谁不如我，密缄縢，固扃鐍，一人
之智力，不能胜天下欲得之者之众，远者数世，
近者及身，其血肉之崩溃，在其子孙矣！昔人
愿世世无生帝王家，而毅宗之语公主亦曰：若
何生我家？痛哉斯言！回思创业时，其欲得天
下之心，有不废然摧沮者乎？是故明乎为君之
职分，则唐虞之世，人人能让，许由、务光非
绝尘也。不明乎为君之职分，则市井之间，人
人可欲，许由、务光所以旷后世而不闻也。然
君之职分难明，以俄顷淫乐，不易无穷之悲，
虽愚者亦明之矣！

以上取三代圣王为君之动机，与后世为君之动机，
对照比论，痛斥后世之为私利。更进而断言其制定法律
无何等之权威如下：

三代以上有法，三代以下无法。何以言
之？二帝三王，知天下之不可无养也，为之授

田以耕之；知天下之不可无衣也，为之授地以桑麻之；知天下之不可无教也，为之学校以兴之；为之婚姻之礼，以防其淫；为之卒乘之赋，以防其乱；此三代以上之法也。固未尝为一己而立也。后之人主，既得天下，惟恐其祚命之不长也，子孙之不能保有也。思患于未然，以为之法。然则其所谓法者，一家之法，而非天下之法也。……夫非法之法，前王不胜其利欲之私以创之，后王或不胜其利欲之私以坏之。坏之者，固足以害天下；其创之者，亦未始非害天下者也。乃必欲周旋于此胶彼漆之中，以博宪章之余名，此俗儒之剿说也。即论者谓天下之治乱，不系于法之存亡。夫古今之变，至秦而一尽，至元而又一尽，经此二尽之后，古圣王之所恻隐爱人而经营者，荡然无具。苟非为之远思深览，一一通变，以复井田、封建、学校、卒乘之旧，虽小小更革，生民之戚戚，终无已时也。即论者谓有治人无治法，吾以为

有治法而后有治人。（下略）（《原法》篇）

彼之政治理想，全在三代之民本精神，故以孟子之王道为根据，专以民利为主眼，而树立其政策。

四　结论

宗羲大才，于经学、史学、天算、乐律，无所不通。为国仇亲恨，屡罹危险，又是极富情感之人。国亡后，养母教弟，亦孝友可风。且亡国之痛，终身不忘，以所著《明夷待访录》，传其心事。此书晚清时，忽与"公羊学派"诸子之思想，无端相合。引起"革命"、"排满"之大风潮，虽曰时运使然，宗羲一人正气之感召，关系实重大也。

第三章　朱王折衷派

第一节　孙夏峰

一　略传及著书

凡是两学派互相对立，必有第三之折衷派，出而调和之。清初宋明理学，既已衰颓，王学末流，尤为学者所弃。顾炎武以笃实之程朱学，矫正王学；黄宗羲则提倡真正之王学，排斥末流之狂禅。然顾黄二人，虽于理学有渊源，实不以理学名，而为清代朴学开宗之巨儒。若夫专以理学著称者，程朱派有二陆，王学则无其人，折衷于朱王二派者，前有孙奇逢、李颙，后有曾国藩。诸人皆有气节，人格为一世仪表，天下士风，为之敦厚，称为命世大儒，亦不为过。著作虽缺少新说，然句句精纯，俱是人格之表现。

孙奇逢，字启泰，号夏峰，又号钟元，直隶容城人。生于明神宗万历十二年（纪元一五八四），殁于清圣祖康熙十四年（纪元一六七五），年九十二岁。其一生活动，属于明朝之时多；故黄宗羲收之于《明儒学案》中。但其教化，则多传于清初学子，故普通又多叙于《清史》中。

奇逢事父母至孝，有气节。崇祯九年，流贼围容城，自示方略，与士民协力，卒将贼击退。清圣祖闻其贤名，屡征之，不应，天下称为孙徵君。后移家于卫之共城；辟兼山堂，讲《易》其间；率子孙躬耕，箪瓢屡空，晏然自若。晚年，讲学于夏峰，学者宗之。尝言曰"七十岁的工夫，较六十岁密；八十岁的工夫，较七十岁密；九十岁的工夫，较八十岁密"云；可见其涵养之深，与体道之精也。著有《理学宗传》二十六卷，《四书近指》二十卷，《理学传心纂要》八卷，《读易大旨》

五卷,《夏峰先生集》六十卷。其中《宗传》一书,是汉代以来,哲学家之学案,为彼最用心之著作,但材料之充实,究不如黄宗羲。

二 学说

奇逢之特长,在兼取诸家而不偏于一派之学。《理学宗传》一书,即是本此意旨而作。书中自汉朝董仲舒起,至明末止,所有学者之传记,都搜辑之。宋代举周、邵、二程、朱、陆六家,明代则举敬轩、阳明、念庵、宪成四家为正宗;如慈湖、龙溪出入老佛,则附之于后,以明儒家正统。然别无门户偏见,故其门人汤潜庵说:"先生真能见道之大原,无建安,无青田,惟以庸德庸言,直证天命原初之体,可谓千圣同堂,与造化游者也。"(《徵君孙钟元墓志铭》)至其学问之要,则在于体认天理。尝曰:"圣贤为天地而立心,为生民而立命,其心及今,尚为存在。"且解其理曰:"人者,天地之心也;人失其为人,天地何以清宁。故为天地立心,生民立命者,圣贤之事也。明王不作,圣人已远,尧舜孔子之心，至今在此；非人也，天也。"（《语录》）意谓天地之心，虽即人心，然为人之师表，立心命之义者，乃为圣人之事，此与"我心即圣贤之心"之说，似稍不同；而于程朱"圣人体仁以为天下之仪表，故当以圣贤遗意为标的，穷理以进"之意，则颇相似。奇逢之意，盖介于朱陆二子之间，试其调和折衷者也。彼谓"浑沌之初，一气而已，其主宰处为理，其运旋处为气。指而为二，不可也；浑而为一，亦不可也"。又谓"成缺在事不在心，荣辱在心不在事"。俱是折衷之意，欲合"实在论"、"唯心论"二者为一。世惟折衷者少创造，其功盖全在于传道也。

第二节　李颙

一　略传及著书

李颙，字中孚，号二曲，西安盩厔人。生明天

启七年（纪元一六二七），卒清康熙四十四年（纪元
一七〇五），其父可从，慷慨有志略，善谈兵，且以勇
力著于乡。从汪乔年军讨贼，崇祯十五年，与五千壮
士，共战死于襄阳城下，以殉国难。其时颙年仅十五
岁也。（《李二曲全集》卷二十五《家乘》）家贫不能入
塾，有人劝其母，送入县署为衙役，母不肯，教之习
字，然具天禀异材，稍长，学即大进，家无藏书，借于
亲友，自经史子集以及老佛之书，无不遍读。既而弃
去，从事静坐观心，大有所得。顾炎武谓坚苦力学，无
师而成，吾不如李中孚，盖的评也。康熙四年，遭母
丧。丧终，往襄阳凭吊乃父战死之地。既而南下，入道
南书院，发顾宪成、高攀龙诸子之遗书，为东林学徒讲
学，听者云集。继又于无锡、江阴、靖江、武进、宜兴
等地讲学。康熙初，陕抚以"山林隐逸"上疏荐之。特
诏征召，力辞而免。至十七年征"博学鸿儒"，诸人交
荐，地方官强迫起行，颙绝粒六日，最后拟拔刀自刎，
其议始止。彼觉虚名为累，遂闭户不复接人。惟有顾炎
武来访，曾一度款待外，虽子弟亦不见面。后圣祖西

巡，使陕督传旨，必欲召见之；以废疾坚辞，幸而获免。特赐"关中大儒"四字以尊重之。

当时南有黄宗羲，北有孙奇逢，西有李颙，世称三大儒。颙为学极博，无所不通，而著述则非其所志。尝言曰："著述一事，大抵古圣贤不得已而后作，非以立名也。故一言之出，炳若日星；万世之下，饮食之而不尽。其次虽有编纂，亦非必夸诩于时人；或只以自怡；或藏诸名山，至其德成之后而后发；或既死之日，举世思其余风，想其为人，或访诸其子孙，或求诸其门人，欲以得其平生一言为法训。此时也，是惟不出，一出即使洛阳纸贵。"（《全集》卷十六《与友人》）真是有道者之言。著有《全集》二十六卷（《四书反身录》八卷，亦收在内）及《十三经纠谬》、《二十一史纠谬》等；其中《反身录》，为彼精力集中之作。

二　学说

李氏思想，亦如奇逢，取陆王程朱之长，不偏于一面。但倾向则趋于陆王。唐鉴《清儒学案小识》中，虽曾谓《二曲》"笃守程朱"，然清初一般学者，率以陆王为根柢，而又赞美朱子之好学，似此两派折衷，故任从何方面解释，均可成立。且清代无论"考证派"、"理学派"俱不树党派，争出入，大都欲兼取他人之长，自己更立高处，想成一家。颙即其代表，尝因门人问"朱陆异同"？答曰："陆之教人，一洗支离锢蔽之陋，在儒教中最为俶切；使人言下爽畅醒豁，以自有所得。朱之教人也，循循有序，恪守洙泗家法，中正平实，极便初学。要之二先生，均于世教人心有大功，不可轻为低昂也。中于先入之言，抑彼取此，亦未可谓为善学也。"（《全集》卷四《靖江语要》）正是其不偏不倚，而又能自立之处。又曰："孔子以博文约礼之训，上接虞廷精一之传；千岁之下，渊源相承，确守不变。惟朱子为得其宗。生平自励励人，一以居敬穷理为主。穷理即孔门之博文，居敬即孔门之约礼，内外本末，一齐俱到，此正学也。故尊朱即所以尊孔也。然今人亦知辟象山，尊朱子，及考其所谓尊，则不过训诂文义而已；至于朱子内外本末之兼诣，主敬褆躬实修之旨，则缺如，吾不知其如何也。况下学循序之功，象山虽疏于朱子，然其为学也，先立其大者，峻义利之防，亦自不可得而掩之也。今日尊朱者，能如是乎？不能如是，而徒以区区语言文字之末，辟陆尊朱，则多见其不知量也。"（《全集》卷十五《富平问答》）此明说朱子之为学工夫实，陆子之直觉力量伟，朱子稍疏于心，象山则长于此。是故穷理而不居敬，则为俗学；居敬而不穷理，则为空疏无用之学，不能经世宰物，是腐儒也。故必二面兼施，方能精义入神，随博随约，当下事理洞明，不至支离，学业德业，两者并进也。所谓知行合一，必内外本末，工夫一齐并到，始可以成。其兼取朱陆之长，于此可见。

颙之学说，植基于陆子，而兼取朱子之长，不偏于一派，由是产出自己之学说。但折衷者多乏创造，惟其主张反省事物之理，以直观为主；又说心当保其平静，恰与李延平同；其学自然倾于内省的。故曰："学问之要，学问之得力，全在定心、静而安，寂然不动，感而遂通；廓然大公，物来顺应，犹如镜之照，不迎不随，此之谓能虑，此之谓得其所止。"（《反身录》之《大学》）故心之体，本虚，本明，本定，本静，能虚明定静，则情忘识泯，心亦不动，恰如镜中之象。盖静中之静易，动中之静难，动时能静，则静时自能静。其言定静工夫，可谓详密。

彼之学既以心德之涵养为主要，明明德止于至善为工夫，是即以致良知纯天理为中心也。故于宇宙问题、心理问题，自不多及。所以门人问《易》时，告之曰：

> 今且不必求《易》于《易》，而且求《易》于己；人当未与物接，一念不起，即此便是无极而太极；及事至念起，惺惺处，即此便是太极之动而阳；一念知敛处，即此便是太极之静而阴；无时无刻，而不以去欲存理为务，即此便是天行健，君子以自强不息；人欲净尽，而天理流行，即此便是乾之刚健中正纯粹精。希颜之愚，效曾之鲁，敛华就实，一味韬晦，即

此便是归藏于坤；亲师取友，丽泽求益，见善
则迁，如风之疾，有过则改，若雷之勇；时止
则止，时行则行，见可而进，知难而退；动静
不失其时，继明以照四方，则兑、巽、震、艮、
坎、离在己，而不在《易》矣。（《全集》卷五
《锡山语要》）

盖以为理即吾人之心理状态，学者收敛其心，则
《易》（理）之变化，即在人之心中，故心中不可无主
宰，不可不收敛，如四书中之言，看是易行，而反之
于身，欲其体现，亦不《易》；何况易理，欲体用之，
岂不更难耶？是故格物穷理之事，实有裨于修齐治平，
而后可尊；苟徒博学，而反身不诚，毕竟是玩物丧志，
距道愈远。其《受授记要》有云："重实行不尊见闻，
论人品不论材艺，夫君子多识前言往行，原为畜德也。
德既畜矣，推己及人，有补于世。若多闻多识，而不
见诸实行，以畜其德，人品不足而材艺过人，擅美炫
长，于世无补，徒以夸闾里而骄流俗，焉足齿于士君

子之林乎！"盖观此可知颙之学风，始终以实践伦理
为重也。

第三节　曾国藩

一　略传及著书

　　曾国藩，字涤生，湖南湘乡人。生于清嘉庆十六
年（纪元一八一一），卒于同治十一年（纪元一八
七二）。道光年间，会试中式进士，授翰林院检讨。累
官至礼部侍郎，丁忧回籍。会太平军起，自广西入湖
南，锐不可当。在籍督办团练，立湘军；初不过保卫地
方，后因屡挫太平军，遂出境御敌。尔时太平军已建都
金陵，国藩崎岖戎马，十余年间，恢复沿江各省，卒破
金陵，成清室中兴之业。官至大学士，爵为毅勇侯。国
藩居翰林时，即与罗罗山（泽南）等，讲程朱之学，各
以学行相砥砺，卒以书生，成削平大难之业。当时湘军

名将，多数是平时讲学之朋友及门生。其为人公忠朴诚，言行一致，治军居官，未尝一日离开学问，粹然有儒者气象，当时风气，为之一变。其论学不主一派，于考证家之诋斥宋学，固不以为然，而于汉学，亦极推段、王、江、戴诸公。所为诗文，亦不主一家，精深博大，卓绝一代。卒年六十二。谥文正。所著书，诗、文、奏议、书札、日记及经史百家杂钞共百数十卷。门人辑而刻之，曰：《曾文正公全集》。

二 学行

自汉学极盛，攻击宋学，不留余地，门户之见至深。乾隆以来，宋学二字，几为学人所不道。但汉学大家，如戴震等，不特学术超越前古，即人格亦足为一世模范，故能压倒宋学。至其末流，则考证之途，已达于止境；学者支离破碎，徒以辨析名物为事，而薄视躬行实践。于是浮薄之士，乐其无所拘束，率以汉学家自命，渐惹人心之厌恶，尔时老成贤达之士，遂欲和会汉宋，力矫轻浮之弊习，曾国藩即为折衷派之领袖；彼支持清末数十年之学风，孜孜为学，终身不倦，虽未尝有特创之学说，然其宗旨，本在调和汉宋，且极重实践，乃兼容并包之折衷派也。

其治学之宗旨，略见于其所著之《圣哲画像记》，有云："自朱子表章周子、二程子、张子，以为上接孔孟之传；后世君相师儒，笃守其说，莫之或易。乾隆中，闿儒辈起，训诂博辨，度越前贤，别立徽志，号曰汉学；摈有宋五子之术，以为不得独尊；而笃信五子者，亦屏弃汉学，以为破碎害道；断断焉而未有已。吾观五子之言，其大者多合于洙泗，何可议也；其训说诸经，小有不当，固当取近世经说，以辅翼之；又何可屏弃群言以自隘乎！"而其《致刘孟容书》（孟容名蓉亦湘乡人）、《覆夏弢甫书》（弢甫名炘，安徽当涂人，著有《述朱质疑》等书），亦皆反覆陈明此旨。（具见《文集》）可见其兼采汉宋之长，以成文质得中之学派，不以当时之门户攻击为然，确为包容众流之大家也。且不独对于汉宋之争主调和，于程朱陆王之争，亦主调和。是时唐鉴（字镜海）著《国朝学案小识》，尊程朱而排陆王，国藩尝从鉴问学，而于鉴之主张，则非之。尝云"朱子主道问学，何尝不洞达本原？陆子主尊德性，何尝不实征践履？姚江宗陆，当湖宗朱（当湖指陆陇其），而当湖排击姚江，不遗余力；当湖学派极正，象山姚江亦江河不废之流"（《覆夏弢甫书》），此盖与小儒拘守门户之见，截然不同者也。其博采众长之处，且不限于儒学。其《日记》中有云："以庄子之道自怡，以荀子之道自克，其庶为闻道之君子乎！"又曰"以禹墨之勤俭，兼老庄之静虚，庶于修己治人之术，两得之矣"；又曰"周末诸子，各有极至之诣，其所以不及孔子者，此有所偏至，即彼有所独缺，亦犹夷惠之不及孔氏耳。若游心能如老庄之虚静，治身能如墨翟之勤俭，齐民能如管商之严整，而又持之以不自是之心，偏者裁之，缺者补之，则诸子皆可师，不可弃也。"于此可见其博大；其身心实践，亦悉与以上所言相合；且每日必静坐数息百入，则又采用道家功夫者也。

国藩生平，极服膺桐城姚姬传鼐，故《圣哲画像记》并尊顾、秦、姚、王，顾即昆山顾亭林，秦则无锡秦蕙田，王则高邮王念孙父子也。然姬传称学问之途有三，曰：义理、考据、词章；义理指宋学，考据指汉学。而国藩则云："有义理之学，有词章之学，有经济之学，有考据之学。义理之学，即宋史所谓道学也，在孔门为德行之科。词章之学，在孔门为言语之科。经济之学，在孔门为政事之科。考据之学，即今世所谓汉学也，在孔门为文学之科。此四者阙一不可。"（见《日记》）惟其局量广大，故其门下，才智毕集，一艺一长，靡所不揽。学识则广于程朱，事功则越乎阳明，伟成中兴之业，决非偶然。以现在眼光批评，一若以汉人辅佐满清，杀戮同胞，为大不道，其实时势使然，不足以损其学问人格也。

第四章　关洛闽学派

第一节　王夫之

一　略传及著书

王夫之，字而农，号薑斋。生明神宗万历四十七年（纪元一六一九）。崇祯十五年，中式举人。明亡，桂王监国驻桂林，大学士瞿式耜辅佐之。夫之往从，授行人官。后以母病辞归。而桂王覆亡，式耜亦殉节于桂林。夫之遂隐遁不出，展转于湘西、郴、永、涟、邵间，与苗瑶杂处。晚乃居衡阳之石船山，杜门不出。学

者称船山先生。清康熙三十一年（纪元一六九二），卒
年七十四。自题其墓曰：明遗臣王某之墓。

著书有《周易内传》十二卷;《周易外传》七卷;
《周易大象解》一卷;《周易稗疏》二卷;《周易考异》
一卷;《书经稗疏》四卷;《尚书引义》六卷;《诗广传》
五卷;《诗经稗疏》五卷;《诗经考异》一卷;《礼记章
句》四十九卷;《春秋稗疏》二卷;《春秋家说》、《春秋
世论》五卷;《读春秋左氏传博议》二卷;《四书义训》
三十八卷;《四书稗疏》二卷;《四书考异》一卷;此外
尚有《张子正蒙注》、《思问录内外篇》、《俟解》、《噩
梦》、《黄书》等，均收《船山遗书》中。

二　学说

夫之之学，由关而洛而闽，力诋殊途，归宿正轨。
其《张子正蒙注序》云："张子之学，上承孔孟，如皎
日丽天，无幽不烛。惜其门人未有殆庶者，其道之行，
曾不逮邵康节之数学，是以不百年而异说兴。"于此可
见夫之实崇拜张子之关学，而有意继承之者。其作《大

学补传》为之衍曰："经云事有终始，知所先后，则近道矣。递推其先，则曰在格物；物格而后知至，知至而后意诚，以及于天下平，皆因焉。是事之始，为先所当知者明矣。故以格物为始教，而为至善之全体，非朱子之言也，经之意也。……君子之所谓知者，吾心喜怒哀乐之节，万物是非得失之几，诚明于心而不昧之谓耳，非君子之有异教也。人之所以为人，不能离乎君民亲友以为道，则亦不能舍夫人官物曲以尽道，其固然也。今使绝物而始静焉，舍天下之恶，而不取天下之善，堕其志，息其意，外其身，于是而洞洞焉，晃晃焉，若有一澄澈之境，置吾心而偷以安。又使解析万物，求物之始而不可得；穷测意念，求吾心之所据而不可得；于是弃其本有，疑其本无，则有如去重而轻，去拘而旷，将与无形之虚同体，而可以自矜其大。斯二者乍若有所睹，而可谓之觉；则庄周瞿昙氏之所谓知，尽此矣。然而求之于身，身无当也；求之于天下，天下无当也。"此其抉剔释老之弊，亦与张子《正蒙》中所说"蔽其用于一身之小，游其志于虚空之大者"相同。故唐鉴之《国朝学案小识》，称夫之为由关而洛而闽也。

又云："彼自为说，而为君子之徒者，未有以为可与于圣人之教也。有儒之驳者起焉，有志于圣人之道，而惮至善之难止也。……于是取大学之教，疾趋以附二氏之涂，以其恍惚空明之见，名之曰：此明德也，此知也，此致良知而明明德也；体用一，知行合，善恶泯，介然有觉，颓然任之，而德明于天下矣。乃罗织朱子之过，而以穷理格物，为其大罪。天下之畏难苟安，以希冀不劳无所忌惮而坐致圣贤者，翕然起而从之。"此则明明斥王学之依附释老，而推尊朱子。故又云："夫子博文约礼之教，千古合符，精者以尽天德之深微，而浅者亦不亟叛于圣道。圣人复起，不易朱子之言矣。"夫之之学，归宿于闽，于此益见。

其衍《中庸》曰："《中庸》、《大学》，自程子择之《礼记》之中，以为圣贤传心入德之要典。迄于今学宫之教，取士之科，与言道者之所宗，虽有曲学邪说，莫能违也；则其为万世不易之常道久矣。乃《中庸》之义，自朱子之时，已病乎程门诸子，背其师说，而淫于佛老……朱子《章句》之作，一出于心得，而深切著明，俾异端之徒，无可假借，为至严矣。……数传之后，朱门之余裔，或以钩考文句，分支配拟，为穷经之能事。……其偏者则以臆测度，趋入荒杳，堕二氏之郛廓，而不自知。……明兴，河东、江右诸大儒，既汲汲于躬行，而立言之未暇。降及正嘉之际，姚江王氏始出焉，则以其所得于佛老者，殆攀是篇，以为证据。其为妄也，既莫之穷诘，而其失之皎然易见者，则但取经中片句只字，与彼相似者，以为文过之媒。至于全书之义，详略相因，巨细毕举，一以贯而为天德王道之全者，则茫然置之而不恤。迨其徒二王、钱、罗之流，恬不知耻，而窃佛老之土苴，以相附会，则害愈烈；而人心之坏，世道之否，莫不由之矣。夫之不敏，深悼其所为，而不屑一与之辩也。故僭承朱子之正宗，而为之衍，以附诸章句之下。庶读者知圣经之作，朱子之述，皆圣功深造体验之实，俾学者反求自得，而不屑从事于文词之末，则亦不待深辩，而驳儒淫邪之说，亦尚息乎！"此其摈斥阳明及王门诸子，尤为深切著明者也。

夫之自己之学说，多见于《思问录内外篇》、《俟解》二书。其言性，则曰："尽性以至于命，至于命而后知性之善也。天下之疑，皆允乎人心者也；天下之变，皆顺乎物则者也；何善如之哉！测性于一区，拟性于一时，所言者皆非性也，恶知善。"盖谓性是普遍的，不可于一方面测之，不可于一时间拟之，必推极至于命，而后可知性之全体也。其言心，则曰："天下何思何虑，言天下不可得而逆亿也；故曰：无思，本也；物本然也。义者，心之制，思则得之；故曰：思，通用也，通吾心之用也。死生者，亦外也；无所庸其思虑者也。顺事没宁，内也；思则得之者也。不于外而用其逆亿，则患其思之不至耳；岂禁思哉！"又云："欲修其身者，先正其心，圣学提纲之要也。勿求于心，告子迷惑之本也。不求之心，但求之意，后世学者之通病；盖释氏之说，暗中之。呜呼！舍心不讲，以诚意而为玉钥匙，危矣哉！"（以上皆《思问录内篇》）王氏盖本乎孟子"心之官则思"之说，谓心之用在于思，不能用逆亿之意。后世学者之病，是舍心而求意，此其蔽也。其言性与气之别，则曰："末俗有习气，无性气；其见为必然而必为，见为不可而不为，以婷婷自任者，何一而果其自好自恶者哉！皆习闻习见而据之，气遂为之使者也。习之中于气，如瘴之中于人，中于其所不及知。而其发也，血气皆为之潆涌。故气质之偏可致曲也；嗜欲之动，可推以及人也；唯习气移人，为不可复施斤削。"（《俟解》）此则推衍孔子性相近习相远之说，而穷究习气之流弊，不觉其言之痛切也。

第五章　考证学派

第一节　考证学之渊源

考证学之渊源，出于顾炎武，兹举其研学之特色：第一，其研究方法，即为归纳的、科学的；第二，以不吸古人之糟粕，而以独创的主张为生命；第三，力求研究之所得，可以施于实用，所谓致用之精神；此三者是其主要之特色也。第一归纳的，是就事迹、文物、文句、文字等，俱一一博引旁证，总合研究其异同，以期入手即无谬误，而后归纳之以为定说，用意十分周到。第二独创的，则以窃取古人已阐明之遗说为耻，务自己独创之见解，以立新说。《日知录·自序》曰："常谓今人纂辑之书，正如今人之铸钱；古人采铜于山，今人则买旧钱，名之曰废铜，以充铸而已；所铸之钱，既已粗恶，而又将古人传世之宝，舂锉碎散，不存于后，岂非两失之乎！……承问《日知录》又成几卷，盖期之以废铜，而某自别来一载，早夜诵读，反复穷究，仅得十余条，然庶几采山之铜也。"由此可知其独创的精神。全祖望亦曰："凡先生之游，必载书自随，至阨塞之所，即呼老兵退卒，询其曲折，或与平日所闻不相合时，即发书而对勘之。"（《鲒埼亭集·亭林先生神道碑》）似此周游天下，前后且三十年，如此，其实证之精神，可以想见。所以《四库全书提要》曰："炎武学有本原，博赡而能贯通，每一事必详其始末，参以证佐，而后举之于书，故引据浩繁，而少抵牾，非如杨慎、焦竑诸人之偶然涉猎，得一义异同，知其一不知其二也。"其造诣之深，及论断之精赅的确，又可想见。第三致用，则以为学者一切研究，不可单止于断理，尤当使之适于实用之谓。由来孔孟为学之精神，都是实用主义，不是纯理思辨之学；至宋明全然埋殁孔孟之本旨，学者远于世用，惟尚空谈，是为大病故；不可不复于孔孟当年，亦以经世致用为宗旨。其所著《天下郡国利病书》，即其致用方面之代表。

以炎武此种归纳的独创的致用的精神为中心，而续起者，即为"考证学派"。此派自阎若璩、胡渭而后，至乾隆时，惠栋、戴震而大成，特尊之为汉学，以排斥宋学。惠栋是吴人，承其祖周惕、父士奇三世相传之经学，世称吴中三惠，其学号称为吴派。戴震是皖人，其学号为皖派。此外尚有段若膺、王怀祖及其子引之等，人才辈出，号称极盛。至此时，考证学于"为学问而学问"之精神，发挥极多；致用之精神则缺焉。

第二节　考证学之内容

考证学研究经子之方法；大别之可分为"训诂"、"校勘"二种：前者是书中字义之整理贯通，后者是书本之整理。训诂之学是惠栋一派"汉学"者之所长，取古义古训之同一事类、同一用法，多方搜集，而比较归纳之；其法虽与古来之训诂学不甚相远，然研究之深广，及客观的态度，是其特色。兹举例如下，即此派之中坚戴、段、二王所用之方法，应用于"小学"属于文字、音韵、文法三方面者；或则参照古训之义理，而比较归纳，以作定说者。

（一）"文字"上之研究。是根据古义，将古字典、古笺注及古书之同类事项，比较综合之谓。

〔例〕《老子》三十九章，"为天下正"。

　　侯王得一以为天下贞，河上公本，贞作正，注云：为天下平正。念孙（怀祖字）案：《尔雅》曰：正，长也；《广雅》曰：正，君也；《吕氏春秋·君守篇》：可以为天下正；高《注》曰：正，主也；为天下正，犹《洪范》言为天下王耳。下文天无以清地无以宁，即承上文天得一以清，地得一以宁言之。又曰：侯王无以

贞而贵高将恐蹶，贵高二字，正承为天下正言
之，是正为君长之义，非平正之义也，王弼本
正作贞，借字耳。(《读书杂志》余篇上)

以上取古字典二条，古书同类二条，注一条，考
证"正"字之字义。

（二）以"音韵"为根据，对于文字之研究。其法
用假借、声类、通转等用例为证。意谓古字通用，由于
音韵之不大相违，所以要明古字之意义，不可不明古来
音韵变迁之理。其说顾炎武、江永、钱大昕、孔广森等
力倡之，以后音韵学遂大兴。

〔例〕庄子"培风"。

《逍遥游篇》，风之积也不厚，则其负大翼
也无力，故九万里，则风斯在下矣，而后乃今
培风。《释文》曰：培，重也；本或作陪。念孙
案：培之言冯也，冯，乘也。(见《周官·冯
相氏》注) 风在鹏下，故言负；鹏在风上，故

言冯；必九万里而后在风之上，在风之上而后冯风，故曰而后乃今培风。若训培为重，则与上文了不相涉矣。冯与培声相近，故义亦相通;《汉书·周緤传》，更封緤为蒯城侯。颜师古曰，蒯，吕忱音陪，而《楚汉春秋》作冯城侯；陪冯声相近；是其证也。冯字古音在蒸部，陪字古音在之部，之部音与蒸部音相近，故陪冯声亦相近。《说文》曰：陪，满也；王注《离骚》曰：冯，满也；陪冯声相近，故皆训为满。

（《读书杂志》余篇上）

此引古字典、古书注各数条，辨证"冯"、"陪"古音相近，字义相同如此。

（三）"文法"上之研究。取助字、介字、连字、状字等，都解作名字、代字等实字，以匡正其义之方法之谓。此方面之大成者，是王怀祖父子，所著《经传释辞》，尤其代表之作。

〔例〕《老子》三十一章，"夫佳兵者不祥之器"。

《释文》：佳，善也；河上公云：饰也。念孙案：善饰二训，皆于义未安。古所谓兵者，皆指五兵而言；故曰，兵者不祥之器；若自用兵者言之，则但可谓之不祥，而不可谓之不祥之器矣。今案：佳，当作佳，字之误也；佳，古唯字也；唯兵为不祥之器，故有道者不处。上言夫唯，下言故，文义正相承也。八章云：夫唯不争，故无尤；十五章云：夫唯不可识，故强为之容；又云：夫唯不盈，故能敝不新成；二十二章云：夫唯不争，故天下莫能与之争；皆其证也。古钟鼎文，唯字作佳，石鼓文亦然；又夏竦古文四声韵，载《道德经》唯字作𨾔，据此，则今本作唯者，皆后人所改；此佳字若不误为佳，则后人亦必改为唯矣。（《读书杂志》余篇上）

以上三例，不过示"考证学"之片鳞，然由此片鳞，读者当可悟到考证所研究，是科学的、客观的，且用意亦极周到。训诂方法，不独如上所述，或引史上事例，或引证金石彝器钟鼎之款识。又如惠栋一派之汉学家，考证汉代之古义古训，其方法依人而异，不仅上述之方法而止。上所述三例，是因其在小学及其他方面，使用最多，故特标出之。

至于"校勘"古书，则与"训诂学"正有密切关系，专以勘校本文之正确为事。集古刻之善本多种，厘正其异同，及误字误句等，其方法则述本书上之通用义例，及类书中之引用文，及本文上下之文义文法等，详加考察，而匡正其谬误。此事业亦收盛大之效果。

第三节　戴震

一　略传及著书

考证学虽分吴皖两派，而皖派戴震，初亦从惠栋游，厥后自成一家。但考证学家多致力于训诂文字方面，于思想实无可述，故于哲学上关系极少。惟戴震则稍有涉及思想方面者，本章略述之。

戴震，字慎修，一字东原，安徽休宁人。生于清雍正元年（纪元一七二三），殁于乾隆四十五年（纪元一七八〇）。彼为考证学大家，因受时代之影响，毕生致力于此。然其博大彻底之精神。亦有出于考证学之外，而致其思索者。彼嫌宋人以一己之胸臆解经义，于是以"唯求实事不主一家"之科学的精神，解读古书。故于宋儒混杂老释之思想，以依附孔孟，及舍欲言理，排情固性之见解，概斥为非。而著《原善》三篇，《孟子字义疏证》三卷，以期揭出孔孟之真正面目。（此书收在《戴氏遗书》四帙中）

二　人生哲学

代表震之思想，即以上二书。著此书之动机，乃为破宋儒空疏之谬见，而高倡儒学根本精神，为实用经世之术者也。

震先就宋学之根本"理"为之说曰："程朱以理言

性，其见性也。以为人心中如有一物，此物即为理，而此理又即为得之于天，具之于心者。吾人求理时，不外体贴天意；而体贴天意以明理，又不可不去人欲。"（《戴氏遗书》卷九附录《答彭进士书》）但理字之说，《六经》及《论》《孟》中，多不散见，要为宋儒独得之思想，与孔孟之本旨，初无关系。例如宋儒立理欲之辩，以为不出于理，则必出于欲；不出于欲，则必出于理；而除去一切情欲，即为本然之性，即为理。但古之圣贤，未尝有涸渴民情之语，但说当使人各遂其情，而得中庸，以期社会之进步。宋儒去欲之说，要为混杂老佛虚无之证据，孔孟决不将情理区而为二也。是则"理也者，情之不爽失也；未有情不得而理得者也"。（《疏证》上卷）情者，自是性之"分理"，以性之静者当天理，则人欲者，性之动者也。从而绝此性之动，即是绝人之理，岂圣人之道哉！毕竟性之中含有知、情、欲三者，性之名字，方得存在。古人言性，但以气禀为言，亦未尝明言惟理义为性。理义之说，虽由于孟子，是因当时异说纷起，就方便上，取此理义以为圣人治道之具。故孟子说"养心莫善于寡欲"，明乎欲之不可无也，寡之而已。人之生也，莫病乎无以遂其生，欲遂其生，亦遂人之生，仁也。欲遂其生，至于戕人之生而不顾者，不仁也。不仁实始于欲遂其生之心；使无此欲，必无不仁矣。然使其无此欲，则于天下之人，生道穷蹙，亦将漠然视之。己不必遂其生，而能遂人之生，无是情也。然则谓不出于正，则出于邪；不出于邪，则出于正，可也；谓"不出于理，则出于欲；不出于欲，则出于理不可也。何以故？欲其物，理其则也。若谓不出于邪而出于正，犹往往有意见之偏，未能得理；况更谓不出于理而出于欲乎"。（《疏证》上卷）事实上，自宋以来，言理欲之人，徒以为正邪之辨；其不出于邪而出于正，要为以理应事之言。但理与事不可分为二；分而为二，则必害事无疑。夫事至而应者心也；心有所蔽，则于事情未之能得，又安能得理乎？

　　盖人类生存以上，若禁止其情欲，要为至难之事。饥寒、愁怨、饮食、男女之常情，以及一切隐情曲绪，皆称之为"人欲"；然此种人欲，如尽除去，则非根本上否定人生，当不可能。抑天道者，要不外阴阳五行；人之生也，分此阴阳五行而为性，是以有血气，有心知，从而又有情欲。此心知与情欲，有密切相关。故知、情、欲（意）三者，要为心之三大作用；去其一，则人生不得完全。故云：

记曰："饮食男女，人之大欲存焉"；圣人治天下，体民之情，遂民之欲，而王道备。人知老庄释氏，异于圣人，闻其无欲之说，犹未之信也。于宋儒则信以为同于圣人，理欲之分，人人能言之。故今之治人者，视古圣贤，体民之情，遂民之欲，多出于鄙细隐曲，不措诸意，不足为怪。而及其责以理也，不难举旷世之高节，著于义而罪之；尊者以理责卑，长者以理责幼，贵者以理责贱，虽失谓之顺；卑者、幼者、贱者，以理争之，虽得谓之逆。于是下之人，不能以天下之同情，天下所同欲，达之于上。上以理责其下，而在下之罪，人人不胜指数。人死于法，犹有怜之者；死于理，其谁怜之！呜呼！杂乎老释之言以为言，其祸甚于申韩如是也。《六经》孔孟之书，岂尝以理为如有物焉，外乎人之性之发为情欲者，而强制之也哉？（《疏证》上卷）

戴氏取宋儒以理为性之本质心之主宰之误谬，指摘无遗。心是知、情、意三者之合体，去其一，心且失其为心，于生物之体，而去其欲情时，是否定其生存也。人不可不去情欲之论，孔孟皆未言及，谓君子之治天下也，使人各得其情，各遂其欲，勿悖于道义。君子之自治也，务使情与欲一于道义，夫遏欲之害，甚于防川；绝情去智，仁义充塞；要为老释之言，非吾儒本旨。吾儒但主张去其欲之私与蔽，而归于欲之中庸。以为修为之要谛，决无此种无欲与绝欲之主张。盖孟子之所谓"性"，即宋儒之所谓"才"，俱指气禀而言；此才不尽，则有二患：一曰私，二曰蔽，世所谓善不善，要由于此二者，而非才之罪。故学礼义可以去蔽，而强制可以去私，圣人之教化，要为如此。而吾儒四德之意义，亦是求欲情之得其中，而下此工夫。戴氏盖对于人性之本质，始终立足于人生观上，以自然的生理的下其观察；不似宋儒由本体的伦理的而作抽象论。其结果对于混杂老佛之宋儒理学，极端反对，以明孔子之真传，可谓卓识。而分心为知、情、意三面，以解释心体，合乎近世之心理学，尤足见其思想之致密也。

三　伦理观

戴氏于宋儒混和释老之心性说，既唾弃之，而以经世实用之学，善导天下之民，造成文质彬彬之文化社会，实现孔孟之精神，当然为其理想。故主张不可不使民遂其情，调节欲望而保其中庸；但如何而此情可遂，此欲可达，在实践伦理上，人生知、情、意三者，如何可以保其调和。戴氏曾言去私去蔽，制御欲情，此两条是其教育观及伦理观。尝曰：私生于欲之失，蔽生于知之失，释氏尚无欲，儒家尚不蔽；释氏以为主静可至于君子，儒家则强恕以去私，问学以去蔽，主忠信，而明其善，则养其心而去其私，即得欲之中庸。其言曰：

夫遏欲之害，甚于防川；绝情去智，仁义充塞。人之饮食也，养其血气；而其问学也，养其心知，是以自得为贵。血气得其养，虽弱必强；心知得其养，虽愚必明；是以扩充为贵。君子独居思仁，公言思义，动止应礼，竭其所能谓之忠，明其所履谓之信，施其所平谓之恕，驯而致之谓之仁且智，仁且智者，不私不蔽者也。君子之未应事也，敬而不肆，以虞其疏；事至而动，正而不邪，以虞其伪；必敬必正，以致中和，以虞其偏且谬。戒疏在乎恐惧，去伪在乎慎独，致中和在乎达礼。精义至仁，尽天下之人伦，同然归之于善，可谓至善矣。若夫以理为学，以道为统，以心为宗者，探之茫茫，索之冥冥也。曷若反求之六经耶！（《原善》）

以六经匡心知，以物质遂欲而养血气，正所谓健康之精神，宿于健全之身体者也。明乎此义则养其中和之德，则私蔽自去，孟子所谓大丈夫之境地自达。其思想，正通于近代之"自然主义"与"功利主义"所谓"以人之欲，为己欲之界；以人之情，为己情之界"之说，尤为极自然的见解，其中默含功利思想，自不待言。

第四节　洪亮吉

一　略传及著书

经史学家而具深湛之思想者，戴震而外，尚有洪亮吉。亮吉字君直，一字稚存，江苏阳湖人。生六岁而孤，家贫，就外家读，聪颖倍常儿。年二十四，补诸生，始好词章，继乃兼治经史。性至孝，常橐笔游公卿间，节所入以养母。母卒后，遇忌日，辄不食。居陕时，至友黄景仁病笃，驰函托以身后事。四昼夜驰七百余里，往料理其丧；扶其柩回常州，为营葬焉。乾隆庚子中顺天乡试。庚戌成进士，授翰林院编修。旋提督贵州学政，其教士敦厉实学；由是黔人皆知好古读书。嘉庆初，川楚教匪作乱，上求直言。乃上书谓圣躬兢业于上，在勤政远佞；臣工惕厉于下，毋奔竞营私；语过激直。上震怒，下军机刑部会讯，拟大辟。特恩，免死，戍伊犁。就道之日，居民围观于马前，相与叹息曰："此所谓不怕死之洪翰林也。"后赦回，自号更生居士。从此一意著述，放浪于山水者十年。卒年六十四。

所著书有《左传诂》二十卷；《公羊穀梁古义》二卷；《六书转注录》十卷；《汉魏音》四卷；《比雅》十卷；《传经表》、《通经表》各二卷；此外尚有《地理志》及《诗文集》、《词》、《乐府》等，合刊为《洪北江遗书》。

二 学说

亮吉文集中，有《意言》二十篇。其中《真伪篇》有云："今世之取人也，莫不喜人之真，厌人之伪，是则伪不可为矣；而亦不然。襁褓之时，知有母而不知有父，然不可谓非襁褓时之真性也；孩提之时，知饮食而不知礼让，然不可谓非孩提时之真性也。至有知识而后，知家人有严君之义焉；其奉父也，有当重于母者矣。饮食之道，有三揖百拜之仪焉；酒清而不饮，肉干而不食，有非可径情直行者矣。将为孩提时之真乎？抑有知识时之真乎？必将曰：孩提之时虽真，然苦其无知识矣。是则无智识之时真，有智识之时伪也。吾以为圣人设礼，虽不导人之伪，实亦禁人之率真。何则？上古之时，卧倨倨，兴眄眄，一自以为马，一自以为牛，其行踬踬，其观瞑瞑，可谓真矣。而圣人必制为尊卑上下寝兴坐作委曲烦重之礼以苦之；则是真亦有所不可行，必参之以伪而后可也。且士相见之礼当矣，而必一请再请，至固以请，乃克见。士昏之礼，当醴从者矣，亦必一请再请，至固以请，乃克就席。乡射礼，知不能射矣，而必托辞以疾。以至聘礼，不辱命，而自以为辱。朝会之礼，无死罪，而必自称死罪。非皆禁人之率真乎。总之：上古之时真，圣人不欲过于率真，而必制为委曲烦重之礼以苦之；孩提襁褓之时真，圣人又以为真不可以径行，而必多方诱掖奖劝以挽之；则是礼教既兴之后，知识渐启之时，固已真伪参半矣。而必鳃鳃焉以真伪律人，是又有所不可行也。"此其言真伪，与世之言真伪者绝不同，颇近荀子性恶善伪之说。然在《形质篇》，则又谓"嗜欲益开，形质益脆；知巧益出，性情益漓"；其意又似相反，一若所说之伪道，毕竟不可以久，去伪日近，离真愈远，吾人宜复归于真者方可也。

亮吉之经济思想，尤极缜密，其《意言》中之《治平篇》云："人未有不乐为治平之民者也，人未有不乐为治平既久之民者也。治平至百余年，可谓久矣。然言其户口，则视三十年以前，增五倍焉；视六十年以前，增十倍焉；视百年百数十年以前，不啻增二十倍焉。试以一家计之；高曾之时，有屋十间，有田一顷，身一人，娶妇后不过二人。以二人居屋十间，食田一顷，宽然有余矣。以一人生三子计之；至子之世，而父子四人；各娶妇即有八人；八人即不能无佣作之助，是不下十人矣。以十人而居屋十间，食田一顷，吾知其居仅仅足，食亦仅仅足也。子又生孙，孙又娶妇，其间衰老者或有代谢，然已不下二十余人。以二十余人而居屋十间，食田一顷，即量腹而食，度足而居，吾知其必不敷矣。又自此而曾焉，自此而玄焉，视高曾时，口已不下五六十倍。是高曾时为一户者，至曾玄时不分至十户不止。其间有户口消落之家，即有丁男繁衍之族，势亦足以相敌。或者曰：高曾之时，隙地未尽辟，闲廛未尽居也；然亦不过增一倍而止矣；或增三倍五倍而止矣；而户口则增至十倍二十倍。是田与屋之数，常处其不足；而户与口之数，常处其有余也。又况有兼并之家，一人据百人之屋，一户占百户之田；何怪乎遭风雨霜露饥寒颠踣而死者之比比乎？曰：天地有法乎？曰：水旱疾疫，即天地调剂之法也。然民之遭水旱疾疫而不幸者，不过十之一二矣。曰：君相有法乎？曰：使野无闲田，民无剩力，疆土之新辟者，移种民以居之，赋税之繁重者，酌今昔而减之。禁其浮靡，抑其兼并，遇有水旱疾疫，则开仓廪悉府库以赈之。如是而已。是亦君相调剂之法也。要之，治平之久，天地不能不生人，而天地之所以养人者，原不过此数也。治平之久，君相亦不能使人不生，而君相之所以为民计者，亦不过前此数法也。然一家之中，有子弟十人，其不率教者常有一二。又况天下之广，其游惰不事者，何能一一遵上之约束乎！一人之居，以供十人已不足，何况供百人乎！一人之食，以供十人已不足，何况供百人乎！此吾所以为治平之民虑也。"此以户口之增与田屋之增不相比，累率以计算，十分精审。近世经济学者竭尽脑力，研究数十年而卒无方法以善其后者，即此问题。亮吉生于乾嘉极盛之时，而思深虑远，若已见及天下危乱之机，诚可谓卓见。且彼时亦初不知有所谓经济学、统计学，而其思虑之周密如此，尤不得不使人叹服也。

第五节　俞樾　附孙诒让

一　略传及著书

俞樾，字荫甫，号曲园，浙江德清人。清宣宗道光元年（纪元一八二一）生，光绪三十三年（纪元一九〇七）卒，年八十有六。三十岁成进士，入翰林。咸丰七年，提督河南学政，革职，寓居苏州读书，始有志著述。治经之外，旁及诸子。著有《春在堂全书》，其中《群经平议》三十五卷，《诸子平议》三十五卷，最有价值。此外有《第一楼丛书》三十卷，《诗词编》、《宾朋集》等百七十六卷，《宾朋集》卷四十五有《性说》上下二篇，可以见其讲学之态度。盖其眼中，以为孔子初不判定性之善恶，至孟荀始有善恶之主张，彼则有取于性恶说，而不取性善说者也。

二　学说

（一）论性与才之别

曲园谓民之初生，如禽兽然；圣人惧之，故教以五伦之道，设礼制刑，荀子之言，实已尽之。夫使人性本善，则圣人何必如此？或难之曰：圣人教人，以人性本善也；若人性不善，则教无所施，今将执禽兽使知五伦之道，其可得乎？吾则曰：此非性之异，才之异也；禽兽无人之才，故不能为善，亦不能为大恶。人则不然，其才能役使万物，方其未有圣人之时，天下之人，率其性之不善，又佐之以才，盖其为恶，十百倍于禽兽也。圣人曰："是能为恶，亦将能为善，不如禽兽之冥顽不灵，吾无从施其教。"于是以其所能，教人之不能；以其所知，教人之不知；人之才果足以及之。然则人之可以为圣人者，才也，非性也。性者，人与物之所同也；才者，人与物之所异也。禽兽之不及人，非其性之不足，其才之不足也。曲园之伦理说，为性恶一元论，视性甚轻。自性言之，则人类与下等动物，悉皆同一；惟才有优劣，故人类为万物之灵长，而动物则为人之使役也。且惟人之才多，故为恶亦远胜于禽兽；是故当求善良之方法，以谋屈性伸才。是彼之政治教育之要旨，亦可谓之轻性重才说。

（二）驳孟子

曲园谓孟子所云："人之所不学而能者，其良能也；所不虑而知者，其良知也。"而以孩提之童之爱亲敬兄为证据，其说非也。何则？孩提之童，其母乳之，其父燠咻之，故自然能爱其亲，此爱非良知良能，乃昵其所私耳。及长则对于其亲，偶有同异之见，而憎爱即起；至于兄弟之间，友悌破裂，时起争斗，乃是常事，此适足以表明性之不善也。又云：孟子说"人无有不善，水无有不下，今夫水，搏而跃之，可使过颡；激而行之，可使在山；是岂水之性哉？其势则然也！人之可使为不善，其性亦犹是也"。呜呼！使世人而皆圣贤，其愚者不失为君子，为恶者仅千百中之一，则孟子之言信矣。今天下之人，为善者少，为恶者多，何其性之善变耶！夫水，搏之过颡，俄顷即复其故；人性岂如是耶？强之如是，固决不能持久，而人之为恶，将终其身焉，则孟子之说非也。又谓人之善恶恰如寿夭，孟子曰"人皆可以尧舜"，此无异说人皆可以保百年之寿，呜呼！何其言之轻易也。

（三）孟荀比较

孟荀二子之性说，于根柢则正相反对，而其修为之极度，得达于圣人之域则同。孟子曰"人皆可以为尧舜"；荀子曰"涂之人可以为禹"。于是曲园本其自家之见地，以判断二家之说曰："荀子必取于学者也；

孟子必取于性者也。从孟子之说，将使天下之人，恃性而废学，而释氏之教，得以行于其间；《书》曰'节性，惟日其迈。'（《周书·召诰》）《记》曰：'率性之谓道。'（《中庸》首章）孟子之说，率其性者也；荀子之说，节其性者也。夫为君子之责者，在使人知率其性；人者，在使知节其性者也。故吾人论性，不从孟而从荀也。"由是观之，曲园之性说，乃自政治教育之功利见地上以立言也。

三　结论

荀子出于周末，唱性恶一元的伦理说，后儒非之者多，绝无一人左祖之者；隔千九百余年后，曲园独毅然赞同之，不可谓非隔世之知音也。近代西洋之利己说，实即与性恶说，同一见地；而在我国，则古今来惟有荀俞二氏，主张此说耳。曲园当清代诸儒醉心于程朱糟粕之际，独不肯盲从，而排斥宋明以下诸大家，遥应荀子，不可谓非卓见，岂得谓其好奇乎？然曲园始终尊崇孔子，其辨性与才曰："性恶者，才可为善可为恶者

也。"惜于性与才之关系，尚未有彻底之解释。以此说
比较孟子之性情才皆善说，固大不同；以之比较荀子之
天性恶人为善之说，则曲园之辨析性与才，有加一层阐
明之功。以图解之如下：

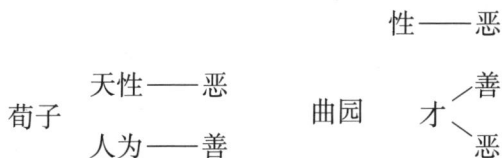

性——恶

荀子 天性——恶　　曲园 才 善
　　　人为——善　　　　　 恶

依吾人今日之见，究竟古来性善性恶二说，孰近
真理？则答曰两者不过各含一部分之真理，而未完全者
也。盖性之本体浑然，无所谓善恶；善恶者，其后起之
作用也。各就作用之一面，以认本体，而执为善为恶之
说，是不免见其一不见其二；故以孔子言"性相近，习
相远"，最为适当。若执其一偏，而互相诋排，恰如执
着爱己主义、爱他主义，各偏于一方相似。然在儒家之
立场，惟以性善说为最正，故古来无数学者，罔不欢迎
孟子；独有曲园敢于千百余年后，阐发荀子之说，其自
由研究之精神，有足多者。

曲园曾主讲浙江诂经精舍，有大弟子曰孙诒让，

卓然为考证学之殿将，其造诣之精，几驾乎乾嘉诸大师之上；特附述之。

孙诒让 字仲容，浙江瑞安人，太仆依言之子。少好六艺古文，太仆讽之，使为经世致远之学。诒让谓"先汉诸黎献，风义皭然，经训固未尝不可通于治也"。太仆乃授以《周官经》，其后作《周礼正义》，实自此始。年二十，中同治丁卯乡试，援例得主事。从父官江宁，与德清戴望、仪征刘寿曾等游，学益进。从来治经者，以《礼》为最难。诒让则独长于礼，所著《周礼正义》八十六卷，宏深精博，冠绝古今。又著《古籀拾遗》三卷，以金石文字，辨正六书。兼推阐古人造字之精意，成《名原》二卷。又辨析龟甲，成《契文举例》二卷。又以《墨子》脱误乖舛，几不可读，乃集合诸家校本，一依小学形声通假之例，逐加诠释，成《墨子间诂》十五卷；今人得以通墨子者，端赖此书。此外著述甚多，大抵不出经学小学范围。诒让诚不愧为清代三百年最后之朴学大师也。光绪三十四年（纪元一九〇八）五月，病中风卒，年六十一。

第六章　实用派

第一节　颜元

一　略传及著书

汪中有《六儒颂》，举昆山顾炎武、德清胡渭、宣城梅文鼎、太原阎若璩、元和惠栋、休宁戴震六人。但可与六人并肩齐驱者，更有余姚黄宗羲、衡阳王夫之、无锡顾祖禹、大兴刘献庭，皆一世之大儒，除黄、王二子外，余二人称为思想家，当有不类。此外又有颜元其人，倡特异之学说。其学超出"宋明性理学"之范围外，直参孔孟经世之学，欲以谋天下国家之公利。然其内容，不如孔孟之为理想的，而为意志的、努力的及节用公利之点，与墨子极多类似之处。

颜元，字浑然，号习斋，直隶博野人。生于明崇祯八年（纪元一六三五）。父讳□，事迹不明，然在习斋幼时，已远往辽东，且在该地再娶。习斋五十岁，曾寻访其父，有银工金某之妻，告以墓所在，祭而归。（《颜氏遗书·年谱》）其生母何时殁，不可得而考。但其幼时养于蠡县刘村朱翁家，备尝贫苦，当是事实。八岁就学，刻苦勉励，异于常人，学业因以日进。稍长，慨国事日非，因研究战守攻取之略。二十一岁时，读《通鉴》，忘寝食。二十四岁，开家塾，教子弟。初著《存知篇》；翌年著《存性篇》；又续著《存学篇》；树立其学说之根本。后又著《存人》、《存治》篇。且躬耕讲学，一世皆仰其人格。康熙四十三年（纪元一七〇四）殁，年七十岁。弟子有李塨最著。著作则有《颜氏遗书》，收在《畿辅丛书》中。此外又有合刻之《颜李遗书》。

二 实用主义

颜氏生长穷境，志气强固，行事彻底，诚有墨子当年气象。尝谓"立言，但论是非，不论异同。是则一二人之见，不可易也；非则虽千万人之所同，不随声也。岂惟千万人而已哉！虽千百年同迷之局，我辈亦当以先觉觉后觉，不可附和雷同也"。(《遗书·学问篇》)颜氏见解，与顾黄二子相同，皆有鉴于明季心学之流于放纵，欲矫其弊害，以破斥空疏之学。但黄子虽戒"王学"末流之空疏，而未尝认"王学"为非；顾子虽斥"明学"为非，而未尝攻及宋学；颜氏则不然，彼于宋之理学，明之心学，一概排斥，以为此种学问，要为纸上之空论，无益于躬行实践。孔子教人学六艺，不是口头之学，是率弟子实地练习，然后各就所得而为体验之谈，此实得之体验，即孔子之教导也。故孔子之弟子，皆能应用其学，为当时社会有用人才。若如近世之性理学，毫无体验，仅口头学问，直是佛性论之剽窃，佛家所谓幻觉之性，实一种死学，究何所益。故学宜以实用

为旨，而教科则宜以《周礼》乡三物为归，如是则死学
庶可变为活学。

> 仆妄谓性命之理，不可讲也；虽讲，人亦
> 不能听也；虽听，人亦不能醒也；虽醒，人亦
> 不能行也。所可得而共讲之，共听之，共醒之，
> 共行之者，性命之作用，如《诗》、《书》六艺
> 而已。即《诗》、《书》六艺，亦非徒列坐讲听，
> 要惟一讲即教习，习至难处，来问，方再与讲，
> 讲之功有限，习之功无已。孔子惟与弟子，今
> 日习礼，明日习射，间有可与言性命，亦因其
> 自悟已深，方与言。盖性命非可言传也，不特
> 不讲而已也。(《遗书·存学篇》)

又谓程朱由理气说明性之善恶，要为根于释氏
"六贼之说"而然。若孔孟之言性，则合于身而言之。
盖有物斯有则，放形而言性，不自觉其陷于抽象的佛说
也。彼云：

尧舜周孔之言性也，合身言之，故曰有物
有则。尧舜性之，汤武身之，尧舜率性而出，
身之所行，皆性也；汤武修身以复性，据性之
形以治性也。孔门后惟孟子见及此，故曰"形
色天性，惟圣人然后可以践形"。形，性之形
也；性，形之性也；舍形则无性矣，舍性亦无
形矣。（下略）（《遗书·存人篇》）

颜氏为实用主义之学者，此种批难，自是必然之
结论。但彼之学说，缺于思辨，不足以破程朱之壁垒，
此是其长处，亦是其短处也。《年谱》中载习斋曾习
"程朱学"，及南游时，与诸学者交，见人人禅子，家
家虚文，直与孔门敌对。于是憬然悟程朱之学为非，以
为必破一分程朱，始可近一分孔孟；乃判定程朱与孔
孟，截然两途。于是脱出心斋坐忘之非，而以实践事功
为学。其对于宋明性理学之反动，恰与先秦墨子对于当
时儒者，忘却孔子本旨，徒拘于繁文缛礼之末节，起而

一洗其弊害者正同。二人虽相去数千年，确是绝好对照，故颜氏又确是一个革新的思想家。尝谓"人之岁月精神有限，诵说中度一日，便习行中错一日，纸墨上多一分，便身世上少一分"。(《存学篇》)又谓"静闲而久爱空谈之学，必至厌事；厌事必至废事，遇事即茫然。故误人才败天下者，宋学也"。(《年谱》下)此数语即彼之中心思想。盖彼以为学必兼实用，立足于实用主义上，论旨堂堂，毫不暧昧，极类墨子而更痛切。彼以为人之认读书为学者，固非孔子之学；以读书之学解书，并非孔子之书。

孔子是主张做事，主张为做事而读书，除却做事，即无所谓学问。故其教弟子，以《周礼》大司徒乡三物为中心：一曰六德，知、仁、圣、义、忠、和。二曰六行，孝、友、睦、姻、任、恤。三曰六艺，礼、乐、射、御、书、数。而尤重六艺，务使弟子熟习其一，以养成实务人才。彼二十二岁时，为贫而学医，学成后，率弟子躬耕以自活，此点又与墨子相同。而"生存一日，当为生民办事一日"之标语，又与现代"劳动神圣，不工作则不得生活"之社会主义之思想相同；此点亦似墨子。在此意味上，可知彼极端反对宋明思辩之学，而主张实践，是以活学代死学者也。

三 政策论

颜氏谓吾用力农事，不遑食寝，邪妄之念，亦自不起，若用十分心力，时时往天理上做，则人欲何自主哉！信乎力行近乎仁也。（《年谱》上）

颜氏重实利实行，且以劳动为神圣，故对于世之徒食懒惰者，极为厌恶。社会上贫富不均之问题，亦曾用力研究；故于社会政策，主张用周朝之制度"井田法"，及汉以后之"屯田制"。彼以为社会之病源，大多数生民之涂炭，要由于"富者兼并"而成。略述其《井田论》、《屯田论》如下：

颜氏当时，富之增殖，大部分是依于地力，经济上之问题，与土地问题，关系最切。然自周代井田法破坏以来，土地变成私有制，人口相伴而繁殖，富力日趋于垄断。此反比例之所及，土地遂次第为少数之贵族富豪所兼并，社会上可憎可悲之现象，殆无法挽救；要皆由于富之兼并，及井田制破坏之故。当二千余年之前，曾虑及土地之兼并，欲复活古代井田之制，孟子曾主张之。盖土地本是天与，所谓天惠之物，决非一人所得而私有。人之初生，本赤裸裸无一物；何以小部分之人，当终身温饱荣华，而大多数之人，转呻吟于困苦穷乏之中，至于老死，此果出于天意乎？君主，民之父母也；倘一子生而为富民，他数子生而为贫民，为父母者其能坐视，而不力图改偏救正乎！为君主者如此，则其治道，犹可说合于王道顺于人情乎！故土地之私有，自当禁止，齐私田而一租税，方是正道。

　　天地间田，宜天地间人共享之，若顺彼富民之心，即尽万人之产而给一人，所不厌也。王道之顺人情，固如是乎！况一人而数十百顷，或数十百人而不一顷，为父母者，使一子富而诸子贫可乎！……况今荒废之地，至十之二三，垦而井之，移流离无告之民，给牛种而

耕焉，田自更余耳。(《遗书·存治篇》)

其次论及兵制，彼谓古时唐有"府兵"，明有"卫制"，然能维持其兵力，亦惟限于创业之初；过此以后，则将只知营私，流于偷惰；士卒等于鼠贼，临阵未遇敌，而先已鸟兽散矣。其弊皆因兵农分立，兵士与田里，毫不相关，而爱国之精神，遂全失矣。故当复行古之屯田制，寓兵于农。其方法则与井田制，有密切关系；每井中抽调壮丁，于农隙时，选适当之地点，分文武二科训练之；且使之明节义，养成有理解之兵士。其结果一可以富国节用，二可以得爱国死敌之兵。此见解，在经济上、国防上、兵制上，皆可为卓识。且其主张之政策，皆具体立言，与纸上空谈者，迥异其趣。其实用经国之才，确有可表见者也。

四　结论

颜氏之学，皆是切于实用，补救宋明以来学者之缺点，一洗社会之弊风，自是对症之药。而社会上经济上之政论，虽今日犹占极有价值之地步。惜当时不能见诸实行，及其弟子李塨一死，其学且至于中绝无闻，可惜也。

第二节　李塨

一　略传及著书

李塨，字恕谷，别字刚主，直隶蠡县人。生清顺治十六年（纪元一六五九），卒雍正十一年（纪元一七三三），年七十五。塨以父命，师事习斋，尽传其学。康熙三十九年，举于乡。习斋足不出户，不轻交一人。塨则常往来京师，广交天下贤士，如万季野、阎百诗、胡朏明、方灵皋辈，均有往还。时季野负盛名，每开讲习，列坐皆满。一日，众方请季野讲"郊社之礼"。季野则推尊恕谷，请其讲真正圣学。王昆绳才气不可一世，自与塨为友，受其感动，以五十六岁老名士，亲拜习斋之门为弟子，遂为习斋学派下有力人物。故此派虽创自习斋，实得恕谷，然后完成者也。习斋律己待人，一律严峻；恕谷则谓交友须令可亲，方能收罗人才，广济天下。习斋取与不苟，主张非其力不食；恕谷则主通功易事。习斋排斥读书；恕谷则谓礼、乐、射、御、书、数等，有时非赖考证不明，故书本上学问，亦不可废。此皆对于其师补偏救弊之处，然学术大本所在，则未尝有出入。塨有友曰郭金汤，作桐乡知县；杨勤为陕西富平县令，均先后聘塨入幕。塨曰："学施于民物，在人犹在己也。"欣然前往，郭、杨用塨言，政教大行。但李光地，为直隶巡抚，招之不往；年羹尧开府西陲，两次来聘，皆以疾辞。习斋生平不著书，今传者惟《四书正误》、《习斋余记》并《存学》、《存性》、《存治》、《存人》四篇。恕谷亦尚躬行，不喜空文著述。晚年因问道者众，乃著《小学稽业》五卷，《大学辨业》四卷，《圣经学规纂》二卷，《论学》二卷，《周易传注》七卷，《诗经传注》八卷，《春秋传注》四卷，《论语传注》二卷，大学、中庸《传注》各一卷，《传注问》四卷,《经说》六卷,《学礼录》四卷,《学乐录》二卷,《拟太平策》一卷,《田赋考辨》、《宗庙考辨》、《禘袷考辨》各一卷,《阅史郗视》五卷,《恕谷文集》十三卷。其门人冯辰,刘调赞共纂《恕谷先生年谱》四卷。同治中,德清戴望,撮取颜李之说,为《颜李学记》。近东海徐氏,汇刻《颜李遗书》。又命其门客为颜、李《语要》各一卷,《颜李师承记》九卷。

二 学说

颜李之学,见识之高,胆量之大,古今殆未有其匹。自汉以来,二千年所有学术,均为彼所否认。彼反对读书是学问,尤反对注释古书是学问,乃至反对讲说是学问,反对明心见性是学问,如此自汉以来二千余年之学问,不几全部推翻耶!塨尝云:

> 读书久则喜静恶烦,而心则板滞迂腐;故予人以口实,曰"白面书生",曰"书生无用",曰"林间咳嗽病狝猴",世人犹谓读书可以养身

心，误哉！颜先生所谓读书人率皆如妇人女子，以识则户隙窥人，以力则不能胜一匹雏也。

又云：

后世行与学离，学与政离。宋后二氏学兴，儒者浸淫其说，静坐内视，论性谈天，与孔子之言，一一乖反。至于扶危定倾，大经大法，则拱手张目，授其柄于武人俗士。当明季世，朝庙无一可倚之人，坐大司马堂，批点《左传》；敌兵临城，赋诗进讲；觉建功立名，俱是琐屑。日夜喘息著书，曰：此传世业也。卒至天下鱼烂河决，生民涂炭，乌呼！谁生厉阶哉！（《恕谷文集·与方灵皋书》）

第七章　和会儒释派

第一节　彭绍升　附汪缙、罗有高

一　略传及著书

当汉学风靡天下之际，学者均不肯道宋学，更不敢讲佛学。乃有彭绍升其人，竟由儒入释，不效宋儒之阳儒阴佛，直接了当，自成和会儒释一派，不可谓非豪杰之士也。

绍升，字尺木，又字允初，法名际清，号知归子，长洲人。世为儒，父兄皆以文学官于朝。绍升年二十余，治先儒书，以明先王之道为己任，兼通晦庵、象山、阳明、梁溪之学说，治古文，出入韩李欧曾。以乾隆三十四年，成进士，选知县，不就而归。既而专心净土，尤推重莲池憨山，竭力宏扬佛教。年二十九，即断肉食。又五年，受菩萨戒，自此不近妇人。尝言志在西方，行在《梵纲》。晚岁，屏居僧舍者十余载，日有课程，虽病不辍。卒于嘉庆元年（纪元一七九六），年五十七。

著书有《一乘决疑论》，以通儒释之阂；著《华严念佛三昧论》，以释禅净之诤；又著《净土三经新论》。此外有《居士传》、《善女人传》、《净土圣贤录》，皆为世传诵。绍升之文集，专阐扬内典者，为《一行居集》；讲论外典者，为《二林居集》。

二　学行

绍升尝曰：

> 吾于观艮二卦，见圣人之心法焉。《诗》

曰：穆穆文王，於缉熙敬止。缉熙者，观也；敬止者，艮也。乾知大始，其观之所从出乎！坤作成物，其艮之所自成乎！是故观艮者，乾坤之门户也。《论语》体之为学识，《中庸》标之为明诚，千圣复生，无以易此矣。(《二林居集·读易》)

是明明以天台之止观通《易》也。又曰：

知至云者，外观其物，物无其物，是谓物格。内观其意，意无其意，是谓意诚。进观其心，心无其心，是谓心正。由是以身还身，以家还家，以国还国，以天下还天下，不役其心，不动于意，不淆于物，是谓身修家齐国治天下平。(《二林居集·读古本〈大学〉》)

此则以华严之理事无碍通《大学》也。绍升不但究心教理，而且笃修净土，名其居曰二林；一梁溪之东林，为高攀龙讲学之所；一庐山之东林，为释慧远结白莲社之处，莲社实我国净土开宗，故绍升托意于是，明其世间法则有取于梁溪，出世法则有取庐山也。夫自宋明以来，儒者讲学，殆无不参用佛说，而表面则又辟佛，且其所窃取者，大率禅宗，禅宗末流，大率口头参究而缺少行持，明季莲池大师（袾宏）住持云栖，欲挽其弊风，极力提倡净土之教，以实行矫正之，于是云栖之远绍庐山，一时称盛。绍升既不蹈宋明儒者之旧辙，且由儒归禅，由禅归净，提倡实行，更不蹈禅宗之旧辙；其特立独行之概，有足多者。然戴东原则极不以为然，谓其诬孔孟，亦兼诬程朱。（《东原集·答彭进士允初书》）考证家之眼光，当然如是。

汪缙，字大绅，号爱庐，休宁人。居吴，终于诸生。

罗有高，名台山，号尊闻居士，江西瑞金人，乾隆三十年举人。绍升叙《汪子文录》云"予年二十余，始有志于学，其端实自汪子大绅发之"；又谓：

予之于汪子之言也，一以为创获，一以为
固然，其不合者希矣。持以示人，人莫测其所
谓，独罗子台山，见而识之曰：是无师智之所
流也。汪子既乐与余言，及见台山而大乐，遂
乐与台山言，又乐与余言台山，其言台山也，
不独赞叹而已，诋诃笑谑，无不有也。其于予
也亦然，时或与台山言予，诋诃笑谑，无弗有
也。(《二林居集》)

是知三人为学之途径，大率相同，其交谊之深，
又可想见。惟大绅卒于乾隆五十七年（纪元一七九二），
年六十八。台山卒于乾隆四十四年（纪元一七七九），
年四十六。皆在绍升之前。

大绅曾以《易》理，融贯净土曰：

众生本来成佛，必以净土为归者，何也？
则以阿弥陀佛，为万佛之师，《易》所谓大哉乾

元；净土为阿弥陀佛所摄，《易》所谓至哉坤元也；乾坤合撰，万物之所以资始资生也。身土交融，众生之所以去凡入圣也。（《汪子文录·读净土三经私记叙》）

有高有云："物之争也以我，其忘争也以无我，我也者，器之景，昧性而妄有执者也。"（《尊闻居士集》）此则有取于释氏身器之说，而其《无量寿经起信论叙》，则亦极赞净土功德。

要之此三人者，志同道合，其始皆有用世之心，后皆由儒入佛，且皆笃修净土，表里如一，其学行远过于宋明儒者之矫饰，故能自成一派，开后世居士之风，于思想上有重大影响。

第八章　公羊学派

第一节　公羊学派之渊源

清末时，勃兴一大思潮，与西洋民主思想携手，以鼓吹共和革命之精神，遂为"辛亥革命"之大动力者，厥惟"公羊学派"。此派之思想，与现今所谓"社会哲学"相类。求之于古，则墨法二家，颇多相通之处。

此学派发生之动机，最初是因于考证学之途穷，无发展之余地。学界才智之士，欲打破多年之因袭，另辟一新境地；其结果，遂发见西汉之"今文学"，再转而包容内外之民主思想，应用于实际，遂为社会革命之工具；民国共和之成功，此派之先驱鼓吹，极有关系。然革命成功之后，此学派已无人问及，盖斯学初不过一时利用之工具，宜其有此现象也。

自顾炎武、惠士奇诸人，鉴于明学之空疏，提倡考证学以来，六朝唐学之复古，渐成风尚。其中有阎若璩著《古文尚书疏证》，明断"《古文尚书》"为王肃伪作。学者遂并疑肃以下六朝之注疏，而信马融、郑玄之学，力求复于东汉。士奇之子栋，即是"东汉古文学"之中坚。乾隆嘉庆以来，"东汉注疏学"，达于全盛时期。研究愈进步，又发现新事实，觉此古文学，乃是刘歆媚事王莽，立为官学，而自任校纂之职者，当然不能认为足信之经典，而真正之经典，不能不求于西汉之"今文"，于是"今文学派"遂勃兴。但是西汉十四博士之今文经传，在西汉末年，已为当时流行之古文经传所压倒。今文学衰灭之原因，未必如现代公羊学派所说，全由于东汉伪古文之出现。盖西汉今文学者，率皆秦代旧儒，其思想多方士化，有神秘迷信的倾向，谓为得经传之正统，自不可能。而古文学派之大师，如服虔、马融、郑玄等，皆是一代名儒；其中如郑玄，尤为淹博；董仲舒、何休之主观的理想主义之今文派，决非其敌手。况后来晋代之杜预、王肃等，又皆承古文学之绪，西汉之经传，至此遂归堙灭。及唐孔颖达作《十三经注疏》，又悉遵东汉之古文学；一蹶不振之今文学派，仅何休注之《公羊传》，尚流行于世，保其一缕之命脉。何注虽有徐彦之为之疏，然徐疏对于何义，别无发明。何之本色，全然保存。故清代公羊学派，专力何休之注，遂于何之暗示及预言之处，感一种趣味；加以润色，欲更创一新生命，此即"公羊学派"之起源，何休之注，为此派惟一之根据。

《春秋》一书，经孔子生平之精力，笔削而成。其经传之流于后世者，有《左氏》、《公羊》、《穀梁》三种：汉初盛行《公羊》学，宣元之间，兼立《穀梁》学官，《左传》至西汉末始出世，东汉时方大行于世。《公羊传》自孔门子夏之学统，而传于公羊高，其所以盛行于西汉者，因其笔法有大一统寓尊王之意；且其"西狩获麟"之解释中，有"制春秋之义以俟后圣"之言；汉初公羊派学者，谓此圣人即指汉高祖，因而张皇其说，其书遂大行于世。《左氏传》所以流行于东汉，说者谓因此书昭公二十九年之纪事中，有帝尧之子孙刘累为御龙氏一节记事，刘氏是帝尧之后裔，由此得以证明之故。但此说未必确实，盖刘累之记事，在西汉时已有人奏闻，当时并未弃《公羊》而用《左传》，而谓东汉反因此而有变更，其说自不能成立也。以事实言，殆是学派争持之结果，优胜劣败自然之淘汰。盖西汉末古今文之争，初不仅限于《公羊》与《左氏》，其他五经全体皆如是，东汉初古文学全盛，《左氏传》之压倒《公羊传》，自是意中事也。自此以后，《公羊传》束之高阁，仅有唐朝之啖助，宋朝之孙明复，曾为之解释。（《春秋尊王发微》十二卷，孙明复著，收在《通志堂经解》中。）至清朝则因考证学兴，自惠栋一派之汉学者，经戴段二王尽力发展之后，东汉之注疏学，吸收尽净；故方向一转，武进之庄存与，遂注目及于公羊学；同县有刘逢禄，又加以发挥。彼等之主张，大致亦以为东汉古文学，是郑玄之一家言；西汉之今文学，则确有师承，源出上古，欲得先王之真精神，必于此着眼方可。且从来之考证学，惟以名物训诂为主，而于古书之大义，常忽视之；可见彼等之学，全属部分的研究；而非全体之思想。故求学之精神，当改变其方向，必以探索古书之微言大义为的，此《公羊传》之所以可贵也。此派说"公羊学"是经义主张之学，"考证学"是经义疏通之学。

于此中有当注意之问题，即"公羊学派"之主张，与《公羊传》并不相同。《公羊传》是孔门子夏之弟子公羊高所作之春秋传，其传注是东汉何休之解释，庄刘诸人，对于此传之研究，所谓公羊学派也。在理后者当附承前者，但事实上所谓"微言大义"，两无关系。详言之：《公羊传注》中，有许多奇怪之处，而《公羊传》则惟说孔子之尊王大义而止。例如隐公"元年春，王正月"，《传》文曰："王者孰谓？谓文王也；曷为先言王而后言正月？王正月也；曷言乎王正月？大一统也。"明言奉周王正朔，以示尊王大义。然何休解此传文，则谓文王是新受天命而为王，《春秋》是新受命而作王法之书，文王是假名，其实是指鲁王，如此附会，与传义殆无关涉。庄刘等又踵其说，而力求新解；存与著《春秋正辞》十三卷，逢禄著《公羊何氏释例》十卷，所谓"张三世"、"通三统"、"绌周王鲁"、"受命改制"诸义，更次第衍出。此种解释，固然在西汉董仲舒之《春秋繁露》中，已发其端；董是有名之神秘家，其说继承何休，及庄刘等之解《公羊》，亦是何休之说，与《公羊传》本身，均无关系。晚近又有龚自珍其人，与"公羊学派"以绝大影响。自珍是段玉裁之外孙，初在段处治训诂学；其才性不羁，不修细行，有诗人之风，喜今文，时引其义，以讥讽时政，排斥专制政治。且文辞瑰丽，一时初学者，大受其冲动。（有《文集》十卷，《诗词》四卷）又有魏源，学公羊于刘逢禄，亦张其说，与龚齐名。"今文学"遂由此渐达于隆盛。

是时学者，知郑玄、马融、许慎等之"古文学"，不足以尽"汉学"；同时辑佚之学亦盛行，搜集古经说之片言只字，不遗余力，又以今文派家法，扩大其范围，研究及于他经，古今之文分野，至此遂益明显。如冯登府之《三家诗异文疏证》二卷，陈寿祺之《尚书大传注》，陈乔枞之《今文尚书经说考》三十六卷，《尚书欧阳夏侯遗说考》一卷，《三家诗遗说考》五十卷，《齐诗翼氏学疏证》二卷，陆续出世；既攻究今文之遗说，复论其家法之异同。魏源著《诗古微》十七卷认"毛传"及"大小序"，皆为晚出之伪作；又著《书古微》十二卷赞同阎若璩之说，认《古文尚书》为东晋晚出之伪作；更断言东汉马融、郑玄等之古文说，亦非孔安国所传之旧本。辞既博辨，对于古文学之攻击，为力甚大。同时邵懿辰亦著《礼经通论》一卷，谓"《仪礼》十七篇"，本是足本，"《古文逸礼》三十九篇"，乃刘歆之伪作。又在魏源以前，刘逢禄曾著《左氏春秋考证》二卷，谓《左氏春秋》与《晏子春秋》、《吕氏春秋》等，同一性质，所谓记事之书，并非解经之书。于是《诗》、《书》、《左氏传》、《逸礼》等，凡西汉末刘歆所力争而立学官之"古文经传"，至此皆变成可疑之书。

　　以上，是今文家竭其研究之精力，所得之成绩，其中可取之点，固然不少。至王闿运、廖平时，其势更张，及康有为其学遂至于大成。

第二节　公羊学派之内容

据何休注公羊之例，《春秋》中有"五始"（元者，气之始；春者，四时之始；王者，受命之始；正月者，政教之始；公即位者，一国之始）"三科"、"九旨"、"七等"（州、国、氏、人、名、字、子）、"六辅"（公辅天子、卿辅公、大夫辅卿、士辅大夫、京师辅君、诸夏辅京师）、"二类"（人事、灾异）等条例。孔子之理想，即示在此等条例中。公羊家则尤重"三科"、"九旨"，奉为金科玉律。此二条孔广森在其所著《公羊通义》之叙文中，亦解释之。但与何休之说，则全不同。现在专论何说，则其所谓"三科"、"九旨"者如下：

新周故宋（殷微子所封之国）以春秋当新

王（鲁）是一科三旨也。（**通三统之意思**）所见异辞，所闻异辞，所传闻异辞，是二科六旨也。内其国而外诸夏，内诸夏而外夷狄，是三科九旨也。

何说如是，其中实只三科八旨，想何氏遗漏内外（夷夏）合一一科，兹就"公羊学"中诸要点，简单说明之如次：

（一）通三统　　此思想是继承前汉董仲舒之《春秋繁露》而来，谓新王受天命，行其革命时，一面改正朔，易服色，变礼乐，以一新天下之耳目。同时封前二王之子孙，存其王号，合新王为三王。如是则谓之"通三统"。此三王再以前二代之王并合之，则称五帝。更溯而上，则称九皇。但三统之义，要专指新，旧，旧旧，三代而言；其意惟优待与新王相接近之前二代；愈溯及古，则待遇当愈薄。（《春秋繁露》中《三代改制质文篇》，崔适《春秋复始》卷九参考。）

（二）张三世　　即所谓所见异辞，所闻异辞，所传闻异辞三者；其记事出于"隐公元年"、"桓公二年"、"哀公十四年"等传中。何休解释此传曰：

> 所见者，谓昭、定、哀、己与父时事也；所闻者，谓文、宣、成、襄、王父时事也；所传闻者，谓隐、桓、庄、闵、僖、高祖曾祖时事也。异辞者，见恩有厚薄，义有深浅，时恩衰义缺，将以理人伦序人类，因制治乱之法。故于所见之世，恩己与父之臣尤深，大夫卒，有罪无罪，皆日录之，丙申，季孙隐如卒，是也。于所闻之世，王父之臣，恩少杀，大夫卒，无罪者日录，有罪者不日，略之，叔孙得臣卒，是也。于所传闻之世，高祖曾祖之臣，恩浅，大夫卒，有罪无罪，皆不日，略之也，公子益师（无罪而不日）无骇卒（有罪而不日），是也。于所传闻之世，见治起于衰乱之中，用心尚粗粗，故内其国而外诸夏，先详内而后治外，录大略小，内小恶书，外小恶不书，大国有大

夫，小国略称人，内离会书，外离会不书，是
也。于所闻之世，见治升平，内诸夏而外夷狄，
书外离会，小国有大夫，宣十一年秋，晋侯会
狄于攒函；襄二十三年夏，邾娄、鼻我来奔，
是也。至所见之世，著治大平，夷狄进至于爵，
天下远近小大若一，用心尤深而详，故崇仁义，
讥二名，晋魏曼多、仲孙、何忌，是也。

意谓《公羊传》对于《春秋》十二公，二百四
十二年间之事之书法，全以孔子见、闻、传闻之三时代
为标准，虽同一事件，而书辞各异。至于"异辞"之理
由，则因君臣之恩义，依孔子之见、闻、传闻三时代之
关系，有厚薄深浅之分，故记录有详有略，异辞之意义
如是。

何休此种解释，得当与否？姑且不论。但"公羊
学派"以此"三世异辞"之说，一转而看作社会进步
之过程，诚属创见，其根本思想，亦在此点。"公羊学
家"以为孔子"传闻之世"（孔子之高祖曾祖时代），是

"据乱之世"；所闻之世（祖父时代），是"升平之世"，"所见之世"，是"太平之世"，而所以为"太平"之故，则是因孔子出世而然。此外更加入"不异内外"之说，以发挥大同之精神。是盖根据于何休之说，以为在据乱之世，内其国而外诸夏；升平之世，内诸夏而外夷狄；太平之世，则夷狄进于爵，夷夏合一，天下行一统之治，万民享平等之乐，此为孔子之社会观，理想观。孔子一生，以此太平大同之精神为始终，且本此以从事于教化。盖孔子之社会进步之法式，是由近而远，由亲而疏，远近亲疏之过程，即其社会观所由形成者也。

原来《公羊传》中，"春秋内其国而外诸夏，内诸夏而外夷狄"之言，其意不过是说春秋之书法，有此二种，与"公羊学派"之"三世说"，初无关系，要之此说类似汉世谶纬家言，不免牵强附会。例如传闻之世，虽确是"据乱之世"，然有齐桓晋文之翼戴周室，较胜于所闻所见之世，所闻之世。决不是升平，乱臣贼子，且多于前。所见之世，更不能说是"太平"，一内外统夷夏之事实，在昭、定、哀时，决不能发见，苟一读

《春秋》，即知此言之无据也。

（三）绌周王鲁　见上第一节"公羊学派之渊源"内。

（四）西狩获麟　《公羊传》说："麟，仁兽也；有王者则至，无王者则不至，有以告者，曰：有麕而角者。孔子曰：孰为来哉！孰为来哉！反袂拭面，涕沾袍。"在公羊高之意，孔子此言，是叹周室衰微之意，向来治经者，亦皆如此解释。但公羊学家，则谓"世无王者而麟出现，是希望王者出现之意"。何休且谓"孔子预知汉之代秦，又知有六国之乱，及秦楚驱除之祸，民之罹害者久而泣也"。其专为汉朝立说，及囿于当时预言之思想，殆可不烦言而解。

（五）受命改制　此是说孔子虽不得在王者之位而行政事，但以素王自任。《传》中"隐公元年春王正月"之王，即指文德之王（孔子）而言。"西狩获麟"之记事，则指孔子预知后世汉朝之当兴，于是预为之制法。《论语·为政篇》中子张与孔子之问答，及《卫灵公》篇中颜渊问为邦二条，公羊家引以为证，谓为微言大旨。然此解释之牵强附会，亦自不待说。子张问十世可知也？孔子曰："殷因于夏礼，所损益，可知也；周因于殷礼，所损益，可知也；其或继周者，虽百世可知也。"孔子此言，是说易姓革命之事不可免，但小处可以损益，伦理纲常之大旨，则初不可动；固无革命及改革制度之意。"公羊学派"则始终取孔子之言，从抽象方面，认作孔子之微言大旨，以为孔子是素王，是预言者，是共和革新主义之人。又说孔子不仅于《春秋》说改制，即《论语》、《礼记》之记事中，亦改过周礼依殷礼。可见孔子不仅创理论的改制说，即实行之精神，亦如是也。

（六）春秋大九世之仇　此思想在清末革命，揭兴汉排满之大帜，有绝大影响。其来由则出于庄公四年，齐襄公吞灭纪国一条。此条在经文中：书"纪侯大去其国"，于齐未说灭，于纪未说奔。于是《左传》解之为"纪为齐附庸，而奉其社稷，故不曰灭；不见迫逐，故不曰奔；大去，不返之辞也"。《公羊传》则解之曰："纪侯大去其国，大去者灭也；孰灭之，齐灭之？曷为不言齐灭之？为襄公讳也;《春秋》为贤者讳。"至于襄公何以得称贤？则因其九世祖哀公，曾被纪侯之先祖进谗言，见杀于周。襄公此次灭纪，因为复九世之仇之故。故孔子于《春秋》不书灭，寓赞美襄公之意。谓此种复仇，正是春秋之大义，于是兴汉排满，恰好借题发挥，揭为标帜，士气大为鼓舞，结果遂使清朝退位，革命成功。此思想与其所主张"孔子大同主义"之精神，当根本不相容。今民国要以五族四万万同胞组织之，此思想当然不能适用而消灭矣。

以上是"公羊学派"之大略。大概是推衍孔子"仁"之精神，将自来无人注意之汉族民主大同之说，尽量发挥之。然在学理上，理论与材料，未能十分精炼;主观的独断，与谶纬的强辨极多。若加以科学的精密分析，则其说立见破绽。然此派主张之结果，孔子之真精神，提出不少。数千年来，孔子完全为专制君主所利用，"孔学"变成帝王万世之法，现在则面目一新，表现出孔子之全体，并显出孔子确为世界的伟人，当是此派之大功。

第三节　康有为

一　略传及著书

公羊学渐次发展，经王闿运、廖平至于康有为时，其思想次第实际化。有为想取孔子大同主义之精神，精密而实证之，于《公羊传》外，更撷拾《礼记》、《孟子》、《论语》中之文，以求充实。谓孔子是怀抱太平大同理想之世界伟人，其在世时，未能实行其改革，因彼是素王手无实权之故。否则必早已断行社会革命，可无疑义。继孔子之正统，具述民主共和之精神者，无过于孟子。孟子书中，以民贼、独夫、授田分产诸义，发挥大同之精神；至于荀子，则严君臣上下之分，要为小儒之魁。然孟子民主的言论，或有感于当时君主之自利主义而发；康氏一派，则利用之以为变法自强社会革命之理想，欲借此出于直接行动。其弟子陈千秋、梁启超等，则又取最足表现孟子之精神者，如黄宗羲之《明夷待访录》秘密翻印，鼓动天下。后与唐才常等，举义旗于武汉，虽遭失败，实为后来革命之导火线。

公羊学派诸子之目的，既利用此学为鼓吹社会革命之手段，故其学理，不甚充分，且多偏于主观。如欲求永远之价值，则斯学尚宜加以整理方可。

康有为，字广夏，号长素，广东南海人，清文宗咸丰八年（纪元一八五八）生，民国十六年（纪元一九二七）殁。初生时，清室已渐陵夷，绵延十五年之太平天国战争，虽幸得归平定；而生灵之涂炭，财产之损失，则已不可胜数。此战事平定时，有为方七岁，欧洲列强之压迫，日渐紧急；既生于此时代，加以广东南海地方，早与外人接触，人民又富于进取心，康氏在此环境中，自有特殊之表见。

康氏早注目及于西欧之文明。当时欧洲宣教师，所译政治法律方面之书，既有玩读之机会，因此为棹进世界潮流之第一人。又抱非凡之文才，及明快畅达之笔，披沥此种新思想，能使毫无遗憾，天下人心，宜乎大为所鼓舞。

且论列时事，极其痛快。光绪十五年（纪元一八八九），年三十一，以诸生伏阙上书，耸动天下。其时清廷顽固保守，以其改革案，为书生之呓语。康氏于是悄然归故里，开万木草堂学塾，以熏陶学生为事。弟子中如陈千秋、梁启超等，皆有才干，文章见识咸卓出，于是渐为世人所注目。不久中日战事又发生，一败涂地，举国失色，而有为之先见，乃成事实。于是二次上书，有名之《变法自强策》，即是此次所作。（前后六次上书，称为公车上书，但此第二次之上书，最为重大。）

因康氏之上书，光绪帝及左右之进步派，始认其《变法自强策》为重要。光绪二十四年，又值德人占领胶州湾，瓜分之势且成。于是帝召见之，询以天下大计及变法策。康氏感帝之知遇，慷慨以天下自任。惜其谋为袁世凯所泄，入于西太后之耳，保守派复从而挤之，于是全归失败。帝被幽于瀛台，康氏仅以身免，逃至日本。彼之政治的生命，从此终了，而经国之精神，反因此传播，全国有志之士，皆认革新之必要。康氏虽抱太平大同之理想，而于现代，则认为小康之世，尚不可倡大同；苟早倡之，上下必至于纷乱，不可收拾。彼之见解如此，故于"张三世"之解释，与其他"公羊学派"，亦稍有不同。其言曰："凡世有进化，仁有轨道，世之仁有大小，即轨道大小，未至其时，不可强为，孔子非不欲在据乱之世，遽行平等大同戒杀之义，而实不能强也。可行者，乃谓之道，故立此三等，以待世之进化焉。一世之中，又有三世；据乱之中有太平，太平之中有据乱；如仅识族制亲亲，据乱之据乱也；内其国，则据乱之太平矣；中国夷狄如一，太平之据乱也；众生若一，太平之太平也。一世之中有三世，故可推为九世，又可推为八十一世，以至无穷。"（《孟子微》卷一）康氏盖以社会进化之过程，由三世而九世，由九世而八十一世，以进展至于无穷。于其间不容时间之飞跃，躐等之改革。此点与急进派梁谭诸子，大异其趣。然其主张，如梁氏评为"性格奇矫立言矛盾"所致，则亦不尽然。彼之意，要为现代是小康之世，虚器不妨与清朝，止求能行民本的立宪政治可矣。

所著书有《新学伪经考》十四卷、《孟子微》二卷、《春秋笔削大义微言考》十六卷、《孔子改制考》二十一卷。其他未刊书中尚有《春秋公羊传注》、《大同书》、《孟子大义述》等。

二　社会进化论

闻康氏初学于朱九江，好读《周礼》。后见廖平之著作，始着手研究公羊之大同学。廖平，四川井研人，为王闿运之弟子，其关于今文学方面之著述甚富，有《四益馆经学丛书》行于世。

《新学伪经考》、《春秋笔削大义微言考》、《孟子微》等，是表见康氏学说基础之书，又是彼整理旧学之作。而《大同书》，则为彼之创说，是代表康氏建设方面之作，所以阐明其理想者也。

康氏叙其《伪经考》之表题曰：

夫古学所以得名者，以诸经之出于孔壁，写以古文也。夫孔壁既虚，古文亦赝伪而已矣，何古之云？后汉之时，学分古今，既托于孔壁，自以古为尊，此刘歆所以售其欺伪者也。今罪人斯得，旧案肃清，必也正名，无使乱实。歆既饰经佐篡，身为新臣，则经为新学，名义之正，复何辞焉。(《伪经考》卷一)

康氏以如此抱负，乃作"《秦汉六经未尝亡缺考》"以下十四篇，以堂堂正正之词，证明西汉末刘歆力争而立博士官之《周礼》、《逸礼》、《左传》及《诗毛传》为伪书，每篇附以案语，加以批判。撮其要点：则谓"秦之焚书，未及六经，汉十四博士之所传，皆孔门足本，曾无残缺。西汉之经学，初无古文；其文字，均是秦汉通用之篆书，故经初无今古文之别。但古文学，则以蝌蚪字书之，其伪自足证明。刘歆为弥缝自己作伪之迹，于校理秘书时，曾羼乱一切古书，欲以湮没孔子微言大义之旨，所以绝不足取"。并用该博之考证，以树立其说。(此说未免过于穿凿，刘歆当时，或是得一种善本，因欲取信于人，故托名为古学，此是汉人常用之法)然不拘泥于向来考证家注意一言一句及文章之末节，务扩其眼界，以取得儒教之真精神。故其立说，已超越于考证之外形问题，求得内容的根本所在，此功亦不可殁也。

著此书时，其高弟陈千秋、梁启超等，曾涉躐过考证学之人，亦参预之。诸子于书中引例，颇想取一切暧昧之史实，删削之，然康氏主观极强，不采用诸子之意见而博引谶纬家之言，遂犯考证学之大忌，价值因之减损。（梁氏有此说）

继《伪经考》而出版者，是《孔子改制考》。此书证明孔子以素王之身，行改制之事实。关于此点，在六经中独尊《易经》与《春秋》，谓孔子之微言大旨，全在此二书。前者是灵界之书，后者是人界之书，所谓至广大而尽精微，极高明而道中庸者。《春秋》尤为孔子所立之宪法案，孔子盖自立一宗，依其理想，进退古人，取舍古籍，决非如后人所想象，仅为编述之作。例如尧舜之盛德大业，是孔子理想上之人格；若真有尧舜其人，其人格决不如经典所载之完全，要为孔子之理想化；如老子之托于黄帝，墨子之托于大禹，许行之托于神农，皆各人拟一理想人物，托诸古人，以立其学说者也。盖孔子亦沿古来之风习，托尧舜为名以行其改制之实者。《上古茫昧无稽考》、《周末诸子并创教考》、《诸子创教改制考》等二十篇中，尽力证明此说。谓孔子为改革者、改制者之一流人，较一般公羊学者，专从抽象方面寻线索者，根据大为确实。又称孔子改制之精神，是"上掩百世下掩百世"社会进步之铁案。且演绎"张三世"说，以为人类进步之过程，愈改革则愈进化。既证明此原则，因取夏、殷、周三代不同之制度，细加考证，而结论其所以不同之理由，要因于时代而然。又说时代进化之过程，虽是循环的；但立于时世之某过程上，为进化动机所迫促，无论如何，不能免于改革；据以上之学理，彼之政治社会之改革案，遂完全确立。其结果尊孔子为"素王"，为"教主"，且欲以其大同之精神，统一国民精神，以期社会革新之实现。彼以孔子为宗教上之教主，杂引谶纬之言，以实证其说；孔子至此，遂成为神秘化矣。

以上是康氏学说之基础方面，由此基础创出之社会观，则为《大同书》。

《大同书》是康氏从学于朱次琦，毕业之后，独居西樵山两年，专研《公羊》，冥心思索，依其旨义，而创造之新学说。即以《春秋》"三世说"嵌入《礼记·礼运篇》之"天道说"中，引伸其义而成。以《公羊》说之"升平世"配《礼运篇》之"小康"，《公羊》说之"太平世"，配《礼运篇》之"大同"，至于《礼运篇》之大道大同说如下：

> 大道之行也，天下为公，选贤与能，讲信修睦。故人不独亲其亲，不独子其子，使老有所终，壮有所用，幼有所长，矜寡孤独废疾者，皆有所养，男有分，女有归。货恶其弃于地也，不必藏于己；力恶其不出于身也，不必为己。是故谋闭而不兴，盗窃乱贼而不作，故外户而不闭，是谓大同。今大道既隐，天下为家；各亲其亲，各子其子；货力为己；大人世及以为

礼。城郭沟池以为固，礼义以为纪；以正君臣，以笃父子，以睦兄弟，以和夫妇；以设制度，以立田里；以贤勇知，以功为己。故谋用是作，而兵由此起。禹汤文武成王周公，由此其选也；此六君子者，未有不谨于礼者也；以著其义，以考其信，著有过，刑（同型）仁讲让，示民有常。如有不由此者，在执（同势）者去，众以为殃。是谓小康。（《礼记》卷九）

读此记事，可以知太古之世，别无所谓私有财产，因而无彼我区别，所以为"大同之世"。至禹汤文武成王周公六君子时，始设彼我之差别，立财产私有之制，而制之以礼。故仁让，义信，非常重要，不由此道，虽帝王亦应去位，以免众人之殃；此时代则称为"小康之世"。至于孔子之理想，则在"大同太平之世"。如现代所谓民治主义，儿童公育，老病保险诸问题，以及劳动神圣，共产主义，无政府主义等之萌芽，皆含藏于其中。而康氏则更引《公羊》之"三世说"，以作解释。

以为正君臣父子之别，严夫妇长幼之序，是孔子之小乘方面；而大同之世，则其大乘方面；其精神，其理想，其教义，全在于此。

于是发挥孔子大同之精神，而定社会改造之方法手段，其纲目如次：

一　无国家，全世界分若干区域，而置一总政府。

二　总政府及区政府，皆由民选。

三　无家族，男女同栖，不得逾一年，届期须易人。

四　妇女妊娠时，入胎教院，产儿入育婴院。

五　按儿童之年龄，入蒙养院，以及各级学校。

六　成年后，依政府之指派，分任农工等生产事业。

七　有病则入养病院，老则入养老院。

八　各区胎教、育婴、蒙养、养病、养老诸院，设备皆期于最完全，使入其中者，皆享最高之娱乐。

九　成年男女，须若干年间，服役于此诸院，恰如现在世界各国之壮丁，皆当服兵役一样。

十　设公共宿舍，公共食堂，其中又设等级，使各按劳作所入，自由享用。

十一　以最严之刑罚，惊戒懒惰。

十二　有学术上之新发明，或在上五院中有特别劳绩之人，得受殊赏。

十三　死则火葬，火葬场之附近，则设肥料工厂。

（据梁启超著《清代学术概论》）

《大同书》之梗概如是，全书数十万言，于人生苦乐之根源，善恶之标准，说得至为详密。梁氏又说，此书最大关键，是废灭国家制度，家族制度，及撤废私有财产，而以相互扶助，一视同仁为精神，所以说"佛法出家，求脱苦也，然不如无家之可出"。又曰："私有财产，争乱之源也；无家族，谁复乐于私产？而国家则又必随家族而消灭者也。"康氏之主张与理想如是，内容虽与现代共产主义所言，不甚相殊。然三十余年前，中国尚未发生此种思想；康氏此书，为融合儒道墨三家之汉代学者之著作，其创造力真可谓丰富者已。

三　结论

康氏极端扩张孔子之仁道，其结果使孔子之社会观，变成世界的。自来小儒之偏见，被其订证之处甚多。但是阐明孔子之理想时，资料取舍上，有"虽罹愆误亦所不辞"之嫌。彼取之于传文，取之于后人杂纂之《礼记》，又取汉代思想特产之谶纬学，其舛驳之处，难免人之评议。例如《礼记》之《礼运篇》之大同说，明是汉代学者所为，综合老儒墨三家思想而成。孔子之思想，全表现于《论语》之中，常梦周公而不忘，叹美其政事。乃康氏不之取，反以孔子为去礼仪，舍人为，爱平等，说太平道之人。谓其是创说，自是另一问题；否则史实昭然，其说不甚可信。据吾人所见，《礼运篇》大同之精神，当是依据老子"无为之治"及墨子"兼爱"之说而成者，从墨子书中引一条以为例，当可以明白。

昔文王之治西土，若日若月，乍光于四

方；于西土，不为大国侮小国，不为众庶侮鳏
寡，不为暴势夺穑人黍稷狗彘。天屑临文王慈，
是以老而无子者，有所得终其寿；连（同鳏）
独无兄弟者，有所杂于生人之间；少失其父母
者，有所放依而长。（《兼爱中》篇）

墨子借文王之事迹，述其兼爱思想如是；则《礼
运》一篇，是同一系统之思想。以此为孔子之本来面
目。康氏之强辨，在所不免。要之康氏富于独创，其立
言则流于独断与附会，是其缺点也。

第四节　谭嗣同

一　略传及著书

与康梁诸子，同唱变法改制之说，勇往迈进，耸
动天下，且以身殉其主义者，厥维谭浏阳。其生如流

星，其死甚壮烈，天下志士为所鼓舞，革命之大业，被其播种。

谭嗣同，字复生，号壮飞，湖南浏阳人。生于清穆宗同治四年（纪元一八六五）。父继洵，湖北巡抚，母徐夫人。复生十二岁，即丧母，为父妾所苦，幼时备尝艰辛；然已倜傥有大志，遍涉群籍，以穷其理；又擅文才；且好任侠，喜剑术。弱冠从军新疆，参巡抚刘锦棠幕府，刘大奇其才。其后十年间，往来于直隶、甘肃、新疆、陕西、河南、湖南、江苏、安徽、浙江、台湾诸地，遍交名士，见闻益广。光绪二十一年，三十一岁，访康南海于北平，以南海归广东，不遇，因见梁启超，得闻南海讲学宗旨，及经世之条理，大为倾倒。翌年依父命，就候补知府职，利其闲暇，学佛学于金陵居士杨文会，更大受佛教之影响。已而应湖南巡抚陈宝箴之招，至长沙。时正创办时务学堂，以梁氏主讲席，彼参与其间，与同志黄遵宪、熊希龄、唐才常等，设"南学会"。讲习之余，论究新政，且远及世界各国大势，三湘士风，为之一变。洞庭湖畔，涌起一种澎湃之爱国精神，如李柄寰、林圭、范源廉、蔡锷等，皆时务学堂高才生也。光绪二十四年，帝有革新以定国是之意，召之，遂参新政。然其谋不成，袁世凯外和内叛，帝囚瀛台，南海逃于日本，复生慷慨决心，以为改革必流血，流血者请自我始，遂从容就义，临刑神色自若。著有《仁学》二卷、《文集》三卷、《诗集》一卷、《争议》二卷，收在《全集》中。《仁学》则为其根本思想所在。

二 学说

从《年谱》及其他记事推察之，《仁学》当是彼三十三岁至三十四岁，在长沙时所著。《仁学》之内容，则在卷首《仁学界说》二十七则内说明之。仁是心之体，其本质至善，寂然不动，感而遂通天下之故。仁即是良心，其所本为天理天道，所以生灭，俱为平等。

彼以此仁心为根据，一切社会人类政治道德宗教诸问题，概包含于仁学之下。而于孔子之大同精神，佛耶之慈悲博爱，孟子之君民对立，庄子之绝对自由，乃至法兰西之大革命精神，胥认为仁心之体现；而与此精神相背者，即为异端为邪说。

其论政治，则谓"君统盛，唐虞之后，无可观之政；孔教亡，三代之下，无可读之书"。(《仁学》下)而于黄宗羲之《明夷待访录》，及王船山之《遗书》，则以为近于孔子之意。因为黄之思想，渊源于陆王，王之思想，渊源于周张；而陆王周张，皆出于孟子之学系也。至于程朱及顾炎武之流，乃出荀子之学系，惟知以君权为重之俗儒，鄙不足道。论及君主问题，则曰：

生民之初，本无所谓君臣，则皆民也；民不能相治，亦不暇治，于是共举一人为君。夫曰共举之，则非君择民，而民择君也；夫曰共举之，则其分际，又非甚远于民，而不下侪于民也；夫曰共举之，则因有民而后有君，君末也，民本也；天下无有因末而累及本者，亦岂可因君而累及民哉！夫曰共举之，则且必可共废之；君也者，为民办事者也；臣也者，助办

民事者也。(《仁学》下)

　　谭氏用民主思想，取古来君民关系颠倒之原因，说得非常详细，认君权之扩张，全由于历史的因袭，及曲学小儒阿附君主之结果。历代之君主，俱是绞民之膏血，竭天下之财物，淫杀天下之美女之独夫；而所谓忠臣者，则为助此种桀纣为虐之鼠辈。然世人犹引为尊贵，用作名教之南针，其愚诚不可及。其中更涉及满洲朝廷，谓其地为秽土，其人为羶种，其俗为胡风；除以武力蹂躏中原之文化外，实毫无何等能力之蛮民。而我华人，对于此种蛮族君主，犹跪拜叩头，尽天下之产，以供其用，而著成其淫杀昏暴，果为何事？如此否定君臣之关系，更以民主共和之政治，为天意天命之所存。政治之原理与精神，要当立脚于万人相互平等之上，以图其共荣共存。此是彼之社会观，亦即其学说之根本。

　　其次以人类平等爱之精神，批判五伦之内容。谓义、亲、别、序之四伦，乃违反乎平等爱之精神；此四种道德之发生，是强者长者为一己之自利上所捏造之伦道，用以压迫弱者幼者。故欲立真合天意之纯粹道德，当离于自利而出于无私的动机方可。盖利害关系，是相对的，徒恃君、父、长、贵以压迫臣、子、幼、贱以遂其非之道德，此不足云道德。故孔子亦谓"君君，臣臣，父父，子子"，正是说相对主义之伦道。佛耶两圣，其成道之第一步工夫，首在取此自利的四伦破弃之。三圣所共尊之伦道，止有朋友之一伦；此一伦是万人共通不可不行之大道。（《仁学》下）

此是彼道德论之根本，从彼之人心为仁，人性为善之思想所发生。

如此又一转而及于人种国际之问题，则云：欧西白人，仅赖科学一日之长，对于异种，始终逞其鸱枭之欲，虐使其民，以为当然。此不过囿于个人的差别观上之利己心，不知人类平等爱之真理之所致。故本于吾人纯真之思想，不可不力辟外人之物质的利己的迷心，而并采东西文化之长，致万国于平等之太平。此伟大之思想，即《仁学》之根本精神也。

三 结论

谭氏之本领，本在政治，思索方面，是其余力所及，此实时势有以造成之，而其天才，则确是富有思想之人也。彼初好物理学、数学等，继则受种种思想之影响，而尚未达纯熟之域，故立论不免驳杂。但在彼之时代，以彼之年龄，即能直观东西人种之长短，且图东西思想之融合，其慧眼及直觉力之强，真可惊叹。倘能卒其天年，其发展当未可限量。

第五节 梁启超

一 略传及著书

梁启超，字卓如，号任公，广东新会人，生于清穆宗同治十二年（纪元一八七三），父名宝瑛，布衣教授终身。启超四五岁时，母氏即授以《四子书》及《诗经》。六岁，父教之，即毕《五经》。九岁，能作文，援笔千言立就。十二岁，补县学生，而父教督极严，一言一动，不少假借，常斥之曰："汝自视乃如常儿乎！"启超终身诵之。后入广州学海堂，治戴、段、二王之学。十七岁，乡试中式。主考李瑞芬，诧为奇才，以其女弟妻之。翌年康有为以布衣上书，不纳。归里，开万木草堂。启超因陈千秋往谒之，一见大服，遂执弟子礼，从学三年。光绪二十年，甲午，中日战起，我国海陆军皆败。时启超客北平，与当时知名之士，提倡变法自强。既而康有为在北平创强学会，启超任会中书记。会事中辍，乃赴上海，主撰《时务报》，著《变法通议》，刊布报端，持论锋锐畅达，唤起国人之注意。丁酉，至湖南，主《时务学堂》讲席，以《民权论》教诸生，多所成就，武则蔡锷，文则范源廉，其尤著也。戊戌，侍郎徐致靖，疏荐启超才可大用。德宗召见之，命办大学堂译书局事务。时德宗锐志维新，信用康有为，启超与谭嗣同、杨深秀、康广仁、林旭、杨锐、刘光第等，均以京卿，参预政务。下令变法，天下耳目一新。

在朝顽旧大臣，反对极烈，密奏于西太后，遂兴大狱，谭嗣同等六人，皆被杀，所谓"戊戌六君子"也。康有为得英人保护，获免。启超乘大岛兵舰，遁日本。自是居东凡十四年，仍办杂志，宣扬变法革新之主张，先后揭载于《清议》、《新民国风》、《新小说》诸报，及《新大陆游记》，国内人士，皆靡然向风焉。迨民国成立三年，熊希龄组阁，启超任司法总长，旋改币制局总裁。迨袁氏谋称帝，启超著《异哉所谓国体问题者》一文，正拟发布，袁氏知之，使人以十万金为其父寿，乞取消是文；启超拒之；因与蔡锷密筹倒袁之策。锷潜返云南，举讨袁义旗。启超则至两粤，辅佐陆荣廷，宣告独立。袁氏遂饮恨以死。此所谓护国之役也。六年，段祺瑞组阁，启超任财政总长。时欧战方殷，启超主张加入协约国，对德奥宣战，改进我国国际地位。欧战告终，启超出游欧洲，所至以中国历来受强邻压迫情状，诉诸世界舆论，著《欧游心影录》记其事。九年，归国。遂不复与闻国政，专以著述讲学为事；任清华学校研究院导师，有终焉之志。曾患便血症，历久而剧，犹扶病著书不辍。十九年（纪元一九三〇），一月，病殁于北平协和医院。年五十有六。所著书，中年类多报章言论，故前后不免矛盾；启超亦自言今日之我，与昨日之我挑战，盖言论随时势为转移，不足怪也。此等文字辑录为《饮冰室文集》。晚年所著，乃纯粹为研究学术之书，有《墨子学案》、《墨经校释》、《清代学术概论》、《先秦政治思想史》、《历史研究法》、《广历史研究法》、《中国近三百年学术史》、《汉书艺文志诸子略考释》、《古书真伪及其年代》、《朱舜水年谱》、《辛稼轩年谱》、《桃花扇传奇考证》等。

二　人生观

梁氏身经患难，逋逃海外，然生平常抱乐观，绝对不作消极态度。迨卧病将死，犹强起侧坐，草成《辛稼轩年谱》。此其人生观之透切，实梁氏一生大受用处，亦其学问事功之出发点也。梁氏尝云：

我见我国若全世界过去之圣哲，皆有其不

死者存；我见我国若全世界过去之豪杰，皆有
其不死者存；我见我国若全世界过去亿兆京垓
无量数不可思议之人类，无论智愚贤不肖，皆
有其不死者存。……无论为宗教家，为哲理家，
为实行教育家，其持论无论若何差异，而其究
竟，必有相同之点，曰"人死而有不死者存"
是已。此不死之物，或名之为灵魂，或不名之
为灵魂，或语其一局部，或语其全体，实则所
指同而所名不同，或所证同而所修不同，此辩
争之所由起也。吾今欲假名此物，不举其局义，
而举其遍义，故不名曰灵魂，而名曰精神；精
神之界说明，然后死学可得而讲也。(《饮冰室
文集》卷四十四《余之生死观》)

由上数语观之，梁氏之人生观，已可得其梗概。
彼盖深信人生虽幻，而人死而有不死之精神存在，故一
生奋斗，至死不倦，皆以此思想为基础。此不死之精神
状态，究如何？梁氏又云：

佛说以为一切众生，自无始来，有"真如"、"无明"之二种性，在于识藏。而此无明，相熏相习，其业力总体，演为器世间，是即世界也。其个体演为有情世间，即人类及其他六道众生也。以今义释之，则全世界者，全世界人类心理所造成；一社会者，一社会人之心理所造成；个人者，又个人之心理所造成也。佛说一切万象，悉皆无常，刹那生灭，去而不留；独于其中有一物焉，因果连续，一能生他，他复生一，前波后波，相续不断，而此一物，名曰羯磨。（译名，其义为作业。）……于是乎有因果之律，谓凡造一业，必食其报，无所逃避。人之肉身，所含原质，一死之后，还归四大，固无论已；就其生前，亦既刻刻变易，如川逝水，今日之我，已非故吾，方见为新，交臂已故。……故夫一生数十年间，至幻无常，无可留恋，无可宝贵，其事甚明。而我现在所有行

为，此行为者，语其现象，虽复乍起即灭，若
无所留，而其性格，常住不灭，因果相续，为
我一身及我同类将来生活一切基础。……是
故今日我辈一举一动，一言一语，一感一想，
而其影象，直刻入此羯磨总体之中，永不消
灭。将来我身及我同类，受其影响而食其报。
（同上）

又云：

我之躯壳，共知必死，且岁月日时，刹那
刹那，夫既已死，而我乃从而宝贵之，罄吾心
力以为彼谋，愚之愚也。譬之罄吾财产之总额，
以庄严矣一宿之逆旅，愚之愚也。我所庄严
者，当在吾本家；逆旅者何？躯壳是已；本家
者何？精神是已。……夫使在精神与躯壳可以
两全之时也，则无取夫戕之，固也；而所以养
之者，其轻重大小，既当严辨焉。若夫不能两

全之时，则宁死其可死者，而毋死其不可死者。死其不可死者，名曰心死。君子曰哀莫大于心死。（同上）

是知梁氏所谓精神不死，实深有得于佛家之教，故能出入生死，而处之泰然。然梁氏虽沉浸于佛说，而于佛教出世之意味，则不受丝毫影响，而纯然为入世主义之学者也。至其所以能取佛氏出世之说，而构成入世的人生观，根本上固然是承受儒家之实用主义，然亦受西洋学说之影响而然。兹引其评德儒《菲斯的人生天职论》（《饮冰室文集》卷五十二）之语如下：

吾身曷为而生于天地间耶？吾侪焉孳孳，蚤作夜思，以度此数十寒暑，果何所求而何所得耶？此大疑问者，吾侪盖久已习焉忘之；虽然，此安可忘者。……此一疑问，实千万年来人类公共未能解决之最大疑问也。……菲斯的之《人生天职论》，即思所以解决此问题；其解决之必为正当与否，吾不敢言，吾信其可以供吾侪之受用而已。……孔子曰"古之学者为己"，自来解释此语者，言人人殊，而菲斯的之说，实能发明之。菲氏谓：吾侪欲自知其天职之所在。则有一义焉，首当确信者，曰：我曷为生？我为我而生；我曷得存？我为我而存；我曷为勤动？我为我而勤动；故人类一切责任，更无所谓对世责任，所有者，唯对我责任而已。所谓我者，有理性之我，有感觉之我，理性为人类所独有，感觉则与其他生物同之，故得名为真我者，唯此理性而已。……故自理性一面言之，其本质诚圆融无碍；就感觉一面言之，则缘受外界种种影响，恒复杂矛盾而不相容；而人类既以有理性为其特征，是宜勿以感觉之我，减理性之我。……以我之良知，别择事理；以我之良能，决定行为。……若是谓之自由意志，谓之独立精神，一切道德律，皆导源于是。我对于我之责任，任此而已。

梁氏评论之云："菲氏所说，与中外诸古哲之教，若无甚异同；而其最鞭辟近里之点，则一曰尊我，二曰体物。盖诸哲言道德之本原，多谓有超乎人类以外者，以为之宰，或称天命，或明自然。……而菲氏之意，则谓即我即天，惟我宜宰制自然，而自然不能宰制我，此其鞭辟人类自重自觉之精神，至有力也。诸哲言修养者，恒以捍物欲为入手之条件；菲氏虽亦不废斯义，然其意以为物欲之利害参平，与其言捍制，毋宁言利用，毋宁言调和；故其为道，既不流于纵，亦不失于觳觫，此其特征也。前哲言修养者，多以主静立极为根本义，我国宋元以后儒者，益畅斯旨；盖以静为吾性之本体，而动乃其病态，《乐记》所谓人生而静，天之性也；感于物而动，性之欲也。菲氏之说，则谓性乃生物而非死物，故以生生蕃动，为其本来，与《大易》行健不息，《中庸》至诚无息之义相契；故其所标道德律，绝对持进取主义，而不陷于退婴主义，此又其特征也。"梁氏对于菲氏学说，可谓推崇之至。综梁氏一生，无时不持进取主义；实与菲氏之说，处处吻合。可见梁氏之人生观，乃合儒佛之长，而兼承受西方学说者也。

三　社会观

梁氏受严复所译《群学肄言》等书之影响，曾作《说群》一文，登载《时务报》。于个人不能离开人群而独立之理，发挥透切；迩时颇能唤起国人对于社会之认识。梁氏一生服务社会之热诚，亦确能言之而能实践之。尝云：

> 生命分为两界，一曰物质界，二曰非物质界；物质界属于么匿体，个人自私之；非物质界属于拓都体，人人公有之。而拓都体复有大小焉；大拓都通于无量数大千世界，小拓都则家家而有之，族族而有之，国国而有之，社会社会而有之。拓都不死，故吾人之生命，其隶属于最大拓都者皆不死，即隶属于次大又次大乃至最小之拓都者皆不死。……故死者吾辈之

个体也；不死者吾辈之群体也。(《余之生死
观》，《饮冰室文集》卷四十四)

梁氏认定吾人个体有死，而群体终不死；我身之
在我群，为组成群体之分子；犹之血轮等，为组成我身
之分子；血轮必且随时变迁，新陈代谢，以个体之死，
期有利于我身；故我身对于我群，亦应生生灭灭，以个
体之死，期有利于我群，此人类进化之原则也。此其社
会观，颇觉真切；惟其如此，吾人对于社会，自有其天
则存焉。故又尝引菲斯的之说云：

凡人必与其同类，营共同生活，此正所
以自完其本性之作用，实我对于我之一种义务
也。……吾人理性之圆满，实现为人类最高之
理想，但使人人能向此理想以进行，则理想之
成为事实也，自日近。……理想之本质，固万
人同一者也；然其程度，则千差万别，人人各
以自己所怀之理想之程度，以律他人；见他人

程度不如我者，恒欲诱而进之，使与我同化；
则不知不觉之间，社会自日迁于善，吾侪对于
社会之天职，莫此为大矣。

四　政治观

梁氏生平所发之议论，关于政治方面者，殆居十
之五六，彼之政见，自始即与革命党立于反对地位。革
命党主种族革命，彼则主张政治革命；革命党主共和政
体，彼则因人民程度太低，主必先经过开明专制，再进
乎君主立宪。当梁氏遁迹日本，办理《新民丛报》时，
革命党亦办《民报》，双方论锋交战，亘半载而不息，
以致国内向日之信仰梁氏者，亦疑梁氏带有保皇党臭
味，故反对种族革命，反对共和政体，渐次失其信仰；
甚或加以唾骂。然梁氏深知国民程度不及，本其研究之
学理，始终持论不移。迨辛亥革命告或，彼犹主张虚君
共和之制以调剂之。而袁氏称帝时，梁氏之议论，则以
为君主之招牌，既已投之粪秽，决不可重行竖起，乃
积极反对之，可知梁氏之政论，在学理方面，实有见

到之处，不能谓为绝无价值也。其所著《开明专制论》
有云：

> 中国今日，固号称专制君主国也；于此而
> 欲易以共和立宪制，则必先以革命，然革命决
> 非能得共和而反以得专制。……故持革命论者，
> 如其假共和立宪之美名，以为护符，毋宁简易
> 直捷以号于众曰：吾欲为刘邦，吾欲为朱元璋，
> 则吾犹壮其志，服其胆，而喜其主义之可以一
> 贯也。而必曰共和焉，共和焉，苟非欺人，必
> 其未尝学问者也。

梁氏更引德人波仑哈克之说，以为证明。

> 波氏曰：共和国者，于人民之上，别无独
> 立之国权者也；故调和各种利害之责任，不得
> 不还求之于人民自己之中。必无使甲之利害，
> 能强压乙之利害，常克互相平等，而自保其权

衡；若此者惟富于自治性质，常肯裁抑党见以
伸公益之国民，始能行之。若夫数百年卵翼于
专制政体之人民，既乏自治之习惯，又不识团
体之公益；惟知持各人主义，以各营其私；其
在此等之国，破此权衡也最易；既破之后，而
欲人民以自力调和平复之，必不可得之数也。
其极也，社会险象叠出，民无宁岁，终不得不
举其政治上之自由，更委诸一人之手，而自帖
耳复为其奴隶，此则民主专制政体之所由生也。

（《饮冰室文集》卷二十九）

梁氏此论，原文极长，兹不过举其一节。在今日
视之，似其论已极陈旧，不适于时代潮流，然其文中所
指国民程度未及格，勉强采用共和制之流弊，民国二十
年来，一一见诸事实，若烛照数计，不可谓非先见之明
也。即今日之所谓军政训政时期，与开明专制，究有何
区别？人民之一切自由，又在何处？吾侪非政论家，固
不欲多所论列，梁氏所指为民主专制，抑何其适合也！

五　结论

梁氏之学，虽早年受康有为之影响，而能融合中外，不偏执一见。康氏则一生提倡孔教，尽忠清室。梁氏则否，虽初亦鼓吹孔教，后见其不合潮流，则不复涉及。戊戌年间，虽与康氏同受清室知遇，而到日本以后，即鼓吹政治革命。其后更与康氏异趋。及护国之役，反对袁氏称帝之文电中，竟有"大言不惭之书生"之语，即暗指康氏而言。世人或讥其背师，然大节所关，梁氏亦不得不尔。晚年则不谈政治，专致力于学术上之供献，有足多者。惜彼自信可活八十岁，竟不永其年，否则学术上之成绩，决不止此，惜哉！

第二编

吸收外来思想之时期

第一章　严复

第一节　略传及著书

严复，字又陵，一字幾道，福建闽侯人。生于清咸丰四年（纪元一八五四）。七岁，始就外傅。同治五年（纪元一八六六），沈葆桢为福建船政大臣，招考子弟，入马江学堂习海军。严复录取第一名。翌年，遂入堂肄业，时年仅十五岁也。十九岁（纪元一八七三）卒业，考列最优等，派为上海建威帆船练习生。后服务于扬武军舰，巡历黄海及日本各口岸。曾至台湾，调查生番与日本渔船启衅情形。二十三岁（纪元一八七七），派赴英国肄业，入格林尼次海军大学。二十七岁，卒业归国。任船政学堂教员。光绪六年（纪元一八八〇），李鸿章经营北洋海军，调严复至天津，为水师学堂总教习。是时科举积习甚深，凡由学堂出身者，多为士大夫所鄙弃。复亦自以不得科举为遗憾，竭力攻求八股文，屡赴福建及顺天乡试，然皆不售。

光绪甲午（纪元一八九四），中日之战，我国海陆军皆败。复深有鉴于我国之贫弱，其根本在于学术，乃专力从事于译述。先译成赫胥黎（T Huxley）之《天演论》（*Evolution and Ethics*）。我国人从未闻此等学说，是书之出，学者耳目一新。复又撰《原强》、《救亡决论》、《辟韩》诸文，载于天津之《直报》。厥后更译成亚当·斯密（Adam Smith）之《原富》（*An Enquiry into the Nature and Causes of the Wealth of Nations*）及斯宾塞（Herbert Spencer）之《群学肄言》（*Study of Sociology*）。又在光绪二十三年（纪元一八九七），与同志创办《国闻报》于天津。戊戌（纪元一八九八）年，亦被荐入见。德宗问有新著述否？复以拟《上皇帝万言书》对；

未及进而政变作，遂出都反津。《国闻报》亦停刊。更肆力译述，成穆勒·约翰（John Stuart Mill）之《群己权界论》（*On Liberty*）。

光绪二十六年，庚子（纪元一九〇〇），义和拳乱作。复仓皇避难，由津至沪，开始译《穆勒名学》（*J.S.Mill A Systom of Logic*）。二十八年（纪元一九〇二）京师大学堂开办；张伯熙为管学大臣，聘为编译局总纂。曾草一文，近五千言，具论中国教育方针，并条拟新教育行政办法。而甄克思（E. Jenks）之《社会通诠》（*History of Politics*），亦于是时译成。光绪三十年，辞编译局事赴沪。厥后译成孟德斯鸠（Montesquieu）《法意》（*Espirites Lois*）及耶芳思（W. S. Jevons）《名学浅说》（*Logic*）。光绪三十四年（纪元一九〇八），新设学部，应聘为审定名词馆总纂。在部三年，直至辛亥革命而止。

民国元年（纪元一九一二），袁世凯为总统，聘为北京大学校长，未久，即辞职。自后年老多病。至民国九年（纪元一九二〇），赴福建避冬，气喘时作。十年

（纪元一九二一），九月，殁于闽垣，年六十七岁。其
生平除译书外，尝有手批之《老子》及《庄子》,《老
子》已印行,《庄子》则未卒业也。

第二节　介绍之学说

严氏介绍西哲学说，于我国有重大之影响者，首
推《天演论》。此论为十九世纪英国哲学家赫胥黎所作，
《赫氏全集》有十二巨册，其第九册名《进化与伦理》，
其中之《序论》、《本论》，即严氏所译之《天演论》也。
此论译出以后，于是物竞天择优胜劣败等思想，深中于
全国学人之脑海，至今犹为人人之口头禅，可见其影响
之大矣。兹约举其说如下：

　　　天运变矣，而有不变者行乎其中；不变惟
　　何？是名天演。以天演为体，而其用有二：曰
　　物竞；曰天择；此万物莫不然，而于有生之类

为尤著。物竞者，物争自存也；以一物与物物争，或存或亡，而其效归于天择。天择者，物争焉而独存，则其存也必有其所以存；必有其所得于天之分，自致一己之能，与其所遭值之时与地，及凡周身以外之物力，有其相谋相剂者焉；夫而后独免于亡，而足以自立也。而自其效观之，若是物特为天之所厚，而择焉以存也者，夫是之谓天择。(《天演论上·导言一》)

物竞天择之学说，创于英人达尔文。斯宾塞、赫胥黎等，亦主此说，而略有不同。斯宾塞主张任天为治，赫胥黎则主张以人力胜天。其言云：

今者欲治道之有功，非与天争胜焉，固不可也；法天行者非也，而避天行者亦非。夫曰与天争胜云者，非谓逆天拂性，而为不祥不顺者也；道在尽物之性，而知所以转害而为功。夫自不知者言之，则以藐尔之人，乃欲与造物争胜，欲取两间之所有，驯扰驾御之，以为吾利，其不自量力而可闵叹，孰逾此者？然溯太古以迄今兹，人治进程，皆以此所胜之多寡为殿最。百年来欧洲所以富强称最者，其故非他，其所胜天行而控制万物前民用者，方之五洲，与夫前古各国，最多故耳。以已事测将来，吾胜天为治之说，殆无以易也。（《天演论下·进化》）

其次为斯宾塞之《群学肄言》；严氏译出后，我国始知有所谓社会学，其影响亦至重大。斯宾塞亦英国人，与达尔文同时。其所著书，名《综合哲学》，共有十卷：一，《第一原理》；二，《生物学原理》；三，《心理学原理》；四，《社会学原理》；五，《伦理学原理》；其第四种，即严氏所译之《群学肄言》也。严氏生平，最佩服斯宾塞，称其书："精辟闳富，为欧洲自有生民以来，无此作也。"可见推崇之极。《群学肄言》自序中有云：

其书……饬戒学者，以诚意正心之不易；既已深切著明，而于操柄者一建白措注之间，辄为之穷事变，极末流，使功名之徒，失步变色，俛焉知格物致知之不容已。乃窃念近者吾国以世变之殷，凡吾民前者所造之因，皆将于此食其报；而浅谞剽疾之士，不悟其从来如是之大且久也，辄攘臂疾走，谓以旦暮之更张，而以与胜我抗也；不能得，又搪撞号呼，欲率一世之人，与盲进以为破坏之事。顾破坏宜矣，而所建设者，又未必其果有合也；则何如稍审重而先咨于学之为愈乎！

严氏盖有鉴于我国少年新进之士，恃其一知半解，卤莽灭裂，妄思破坏，以为可立致国家于富强；故为斯言，实深中时弊。彼欲以学术救国之心，毕现于是书矣。

斯宾塞是生物学家，故以社会为有机体，与生物类似，乃生长而成，非人力所能旦夕造成。社会问题，如政治之得失，风俗之厚薄，其前因后果之复杂，极难推究，稍一不慎，则因果颠倒，违于真理，据此以处置事物，鲜有不败者。盖社会学，初非如理化学之因果历然，可由实验而得也。然世俗之人，往往不察，大眎高谈，对于一切问题，轻下判断。殊不知意见有所偏，感情有所蔽，以及国界种界之桎梏，自身早已陷入于网罗之中，而未尝自觉，此至可叹也。严氏译此书，以《学诐》、《国拘》、《政惑》、《教僻》为各篇标题，以明社会学之知识，而劝人去私戒偏，以求正当之路；不特反覆阐发斯氏之说，而于国人自私自利之习惯，亦痛下一针砭。

其次严氏所注意者为"名学"。"名学"在我国周末时代，发达极早；如荀子之《正名篇》、墨子之《经》上下、《经说》上下、《大取》、《小取》诸篇，以及惠施、公孙龙之坚白同异论，皆与"名学"有相似之处。自汉以后，此学久已不传。于是学者治学方法，不能条分缕析，为有系统之撰述。自科举盛行，国人更以头脑笼统，为世诟病久矣。严氏之意，以为革新中国学术，莫要于输入"名学"，可谓卓识。其翻译穆勒·约翰之"名学"，异常审慎。穆勒·约翰，英国人，为经验主义之哲学家。于伦理学（名学）、经济学、伦理学，皆称大家。其论理承培根之思想，以经验为认识之源；归纳推理之学，至此大成。严氏竭毕生之精力，只译成半部。其《名学浅说》自序有云："不佞于庚子辛丑壬寅间，曾译《名学》半部，经金粟斋刻于金陵，思欲赓续其后半，乃人事卒卒，又老来精神短，惮用脑力，而穆勒书深博广大，非澄思渺虑，无以将事，所以尚未逮也。戊申孟秋，浪迹津沽，有女学生旌德吕氏，谆求授以此学。因取耶芳思之浅说，排日译示讲解，经两月而成书"；可见严氏介绍此学之苦心矣。穆勒著书中，尚有《自由论》一种，亦经严氏翻译，特避去自由之名词，而题为《群己权界论》。盖严氏最初亦附于革新派；自戊戌政变，经过挫折，又见激进少年之专事破坏；故其思想，乃偏于保守，即自由之名词，亦不欲援用之也。

此外严氏又译亚当·斯密之《原富》，以介绍经济学；译孟德斯鸠《法意》，以介绍法律哲学；盖皆我国所需要之学说也。

严氏又以达尔文、斯宾塞、孟德斯鸠之学说，与老子多相通处，因批点老子而广其说，此则通东西学说之邮者也。

第三节　结论

自明末至清代，我国与西洋交通；最初输入者，为天文、历算之学；及鸦片战争失败以后，震于西洋之船坚炮利，深信西洋之艺术，越过我国；曾国藩创江南制造局于上海，聘请中外学者，广事翻译，大概皆物理、化学，及军事、制造枪炮之书。当时国人一般思想，皆以为政治、伦理、财政等学问，我国早已完备，远过西洋，只取其艺术之长，补我之短，即足以富强；所以"中学为体，西学为用"之说，人人能道之，几于

举国皆然。自严氏所译之书公世，方打破此迷梦，始知
西洋尚有此等惊人之学术也。严氏译书时，所有术语，
亦皆自造，往往为一名词，沉思至累日方得之，可见其
难；因此彼所译之名词，有含义过深，不合于现在之用
者。又严氏所译之书，多高深哲理，往往喜用我国古奥
文辞，且有时将西方学说，牵附于我国之古义，致失原
文本意者，亦不少。在当时一般学者，颇极欢迎，后来
能读西文原书者日多，则颇讥斥严氏，故至今严氏之
书，已不甚流行。严氏自谓翻译须信、雅、达三者兼
备；以今观严氏所译，则雅字诚当之无愧，达字，信
字，则稍有遗憾，此不能为严氏讳，然其荜路蓝缕之
功，不可没也。

第二章　王国维

第一节　略传及著书

　　王国维，字静安，晚号观堂，浙江海宁人。生于清德宗三年（纪元一八七七）。四岁丧母。七岁始就外傅。十余岁时，每晚自塾归，辄发家中藏书，独自泛览。十六岁补博士弟子。始读"四史"，兼攻骈散文。十八岁，值中日战争后，始知世有新学。后罗振玉创农学社于上海，附设东方学社，聘日本人藤田丰八教授日文。国维时年二十二岁，往就学焉。并襄理社中庶务，得免学费，而致力于学。二十三岁，始从学社教师日人田冈佐代，治读英文。二十四岁，毕业于东方学社。仍努力治英文。二十五岁，留学日本，入东京物理学校，拟专修理科；既而苦几何学之难治，又病脚气；逾年即归。为罗振玉编译《农学报》及《教育世界》杂志，撰述益富。自此始治哲学，能读社会学、心理学、论理学、哲学等西文原书，参以日文译本，遂得贯通。偶有心得，撰述为文，发表于《教育世界》杂志。三十岁以后，厌倦哲学，而转治文学。三十五岁后，转而治古器物学。晚年，以治殷墟书契文，名重中外。后就清华学校研究院之聘。五十一岁时，以世变日亟，自投于颐和园之昆明池而死。（民国十六年，纪元一九二七）海内外学者，知与不知，皆为痛悼。其遗著凡四集。署曰《海宁王忠悫公遗书》。

第二节　性说

王氏之论性，以哲学的眼光，批评古来性善性恶之矛盾，颇为彻底；乃可使几千年来之聚讼，为之一息。其言云：

> 今孟子之言曰：人之性善；荀子之言曰：人之性恶；二者皆互相反对之说也。然皆持之而有故，言之而成理。然则吾人之于人性，固有不可知者在欤？孔子之所以罕言性与命者，固非无故欤？且于人性论中，不但得容反对之说而已，于一人之说中，亦不得不自相矛盾。孟子曰：人之性善，在求其放心而已；然使之放心者谁欤？荀子曰：人之性恶，其善者伪也；然所以能伪者何故欤？……今论人性者之反对矛盾如此，则性之为物，固不能不视为超乎吾人之知识外也。（《静庵文集·论性》）

王氏之意，以为吾人对于事物，果能确实知之，则如“二加二为四”；二点之间，只可引一直线，决不能容两相反对之议论，得以成立；故数学、物理学之所以为确实之知识者以此。若夫性则不然，反对矛盾之说，均得成立。且聚讼至数千年不决；故断定性为超出吾人知识以外，此自来论性者所未见及也。又云：

> 今夫吾人之所可得而知者，一先天的知识；一后天的知识也。先天的知识，如空间时间之形式，及悟性之范畴，此不待经验而生；后天的知识，乃经验上之所以教我者，凡一切可经验之物，皆是也。二者之知识，皆有确实性；但前者有普遍性，及必然性，后者则不然；然其确实，则无以异也。今试问性之为物，果得从先天中或后天中知之乎？先天中所能知者，知识之形式，而不及于知识之材质，而性固一知识之材质也。若谓于后天中知之，则所知者又非性；何则？吾人经验上所知之性，其受遗传与外部之影响者不少，则其非性之本来面目，固已久矣。故断言之曰：性之为物，超乎吾人之知识外也。（同上）

王氏是以知识论为立脚点，而断言性之为物，超乎吾人知识之外，固非如古来之论性者，全凭自己之主观，发为空泛之议论可比。既已超出吾人知识之外，则古来立论者，反对矛盾，自是必然的结果。故又云：

人性之超乎吾人之知识外，既如斯矣。于是欲论人性者，非驰于空想之域，势不得不从经验上推论之。经验上之所谓性，固非性之本然，苟执经验上之性以为性，则必先有善恶二元论起焉。何则？善恶之对立，吾人经验上之事实也；反对之事实，而非相对之事实也。……惟其为反对之事实，故善恶二者，不能由其一以说明之；故从经验上立论，不得盘旋于善恶二元论之胯下。然吾人之知识，必求其说明之统一，而决不以善恶二元论为满足也。于是性善论性恶论及超绝的一元论（即性无善无不善说），接武而起。夫立于经验之上以言性，虽所论者非真性，然尚不至于矛盾也。至超乎经验以外，而求其说明之统一，则虽反对之说，吾人得持其一，不至自相矛盾不止。何则？超乎经验以外，吾人固有言论之自由；然至欲说明经验上之事实时，则又不得不自圆其说，而复反于二元论。故古今言性之自相矛盾，必然之理也。（同上）

王氏此说，可为揭破古来论性之病根。故治学者，不必再为此无谓之争执，人性论至此，乃可告一结束矣。故云：

善恶之相对立，吾人经验上之事实也。自生民以来，至于今，世界之事变，孰非此善恶二性之争斗乎！政治与道德，宗教与哲学，孰非由此而起乎！故世界之宗教，无不著二神之色彩；有爱而祀之者，有畏而祀之者，即善神与恶神是已。至文明国之宗教，于上帝之外，其不预想恶魔者殆稀也。……夫所谓上帝者，非吾人之善性之写象乎！所谓魔鬼者，非吾人恶性之小影乎！……夫岂独宗教而已，历史之所记述，诗人之所悲歌，又孰非此善恶二性之争斗乎！……吾人经验上，善恶二性对立如此。故由经验以推论人性者，虽不知与性果有当与否，尚不与经验相矛盾，故得而持其说也。超绝的一元论，亦务与经验上之事实相调和，故亦不见有显著之矛盾。至执性善性恶一元论者，当其就性言性时，以性为吾人不可经验之一物故，故皆得而持其说；然欲以之说明经验，或应用于修身之事业，则矛盾随之而起。故余表而出之，使后之学者，勿徒为此无益之议论也。（同上）

第三节　理说

王氏之解释理字，亦能揭破中外哲学家之理窟，而独标真谛。彼以为吾人对种种之事物，而发见其公共之处，遂抽象之而为一概念，又从而命之以名；用之既久，遂视此概念，为一特别之事物，而忘其所从出；如理字之概念，即其一例。吾国语中理字之意义之变化，与西洋理字之意义之变化，若出一辙。略述之如下：

《说文解字》第一篇："理，治玉也。从玉，里声。"段玉裁注："郑人谓玉之未理者为璞，是理为剖析也。"由此类推：凡种种分析作用，皆得谓之理；《中庸》所谓文理密察，即指此作用也。由此而分析作用之对象，即物之可分析而粲然有系统者，亦皆谓之理。《逸论语》曰："孔子曰：美哉璠玙！远而望之，奂若也；近而视之，瑟若也；一则理胜，一则孚胜。"此从理之本义之动词，变而为名词者也。更推之而言他物，则曰地理（《易·系辞》），曰腠理（《韩非子》），曰色理，曰蚕理，曰箴理（《荀子》），就一切物而言之曰条理（《孟子》），然则理者，不过谓吾心分析之作用，及物之可分析者而已矣。其在西洋各国语中，理字之义，自动词变为名词，与我国大致相同。英语之理字，含有推理之能力，同时又用为言语之义；德语之表理性字，含有听言语而知其所传之思想之意；是可知西洋各国语，皆以思索之能力，及言语之能力，即他动物之所无，而为人类所独有者，谓之理性。而从吾人理性思索之径路，则下一判断，必不可无其理由。于是各国语于理性之外，又有理由之意义。吾国之理字，兼有理性与理由之二义。（同上《释理》）

王氏说明理字最初之意义，不过理性、理由二者，皆属主观的性质；及沿用既久，乃由主观的而变为客观的；如宋儒以理之渊源，存于万物；遂予理字以特别之意义。朱子谓"天地之间，有理有气；理也者，形而上之道也，生物之本也；气也者，形而下之器也，生物之具也；是以人物之生，必禀此理，然后有性；必禀此气，然后有形"。又曰："天以阴阳五行，化生万物，气以成形，而理亦附焉。"于是对周子之太极，而予以内容曰："太极不过一理字。"万物之理，皆自此客观的大理而出；故物物各有此理，而物物各异其用，莫非理之流行也。故朱子之所谓理，正与希腊斯多噶派之所谓理相同；皆预想一客观的理，存于生天生地生人以前，而吾心之理，不过其一部分而已。可见理字意义之变化，古今中外，有同一之倾向也。

至问及理字何故发生如是变化？王氏之说明，颇为确当。彼谓吾人之知识，分为两种：一直观的知识，一概念的知识。直观的知识，自吾人之感性及悟性得之；而概念之知识，则由理性得之。直观的知识，人与动物共之；概念的知识，则唯人类所独有；人类既享有动物所不能之利益，亦能陷于动物所不有之谬误。夫动物所知者，个物耳；就个物之观念，但有全偏明昧之别，而无正误之别。人则以有概念故，从此犬彼马之个物观念中，抽象之而得动物之观念；更合之植物、矿物而得物之观念；夫所说物，皆有形质可衡量者也。而此外尚有不可衡量之精神作用，而人之抽象力，进行不已，必求一语以赅括之；无以名之，强名之曰"有"。所谓物者，非实物也，概念而已矣。所谓有者，非离心与物之外，别有一物也，概念而已矣。然如物之概念，究竟离实物不远者，其生误解也不多；至最普遍之概念之"有"字，其初固亦自实物抽象而得，逮用之既久，遂忘其所自出，而视为表示特别之一物。古今中外之哲学家，往往以"有"字为有一种实在性；在中国则曰"太极"，曰"玄"，曰"道"；在西洋则谓之"神"。及传衍既久，遂以为一种自证之事物，而若无待根究者。人而不求真理则已，若果欲求真理，则此等谬误，不可不深察而辩明之也。理之概念，亦无以异此。其在中国，初不过谓物之可分析而有系统者，辗转相借，遂成朱子之理即太极说。其在西洋，本不过理由、理性二说，辗转相借，前者衍为斯多噶派之宇宙大理说；后者衍为康德以降之超感情的理性说。其去理之本义，固已远矣。此无他，以理之一语，为不能直观之概念，故种种谬误，得附此而生也。（同上）

第四节　介绍之学说

王氏与严复，同时介绍西洋学说于中国：严氏所介绍者，为英国哲学；王氏所介绍者，乃德国哲学；此其不同者也。王氏于其《静庵文集》自序云：

余之研究哲学，始于辛壬之间（一九〇一——一九〇二），癸卯春，始读汗德（即康德）之《纯理批评》，苦其不可解，读几半而辍；嗣读叔本华之书，而大好之；自癸卯之夏，以至甲辰之冬，皆与叔本华之书为伴侣之时代也。其所惬心者，则在叔本华之《知识论》；汗德之说，得因之以上窥。然于其人生哲学，观其观察之精锐，与议论之犀利，亦未尝不心怡神释也。后渐觉其有矛盾之处。……旋悟叔氏之说，半出于其主观的气质，而无关于客观的知识，此意于《叔本华及尼采》一文中，始畅发之。
今岁之春（一九〇五年乙巳），复返而读汗德之
书，嗣今以后，将以数年之力，研究汗德，他
日稍有所进，取前说而读之，亦一快也。

是知王氏介绍德国哲学，颇拟集中精力于汗德之
书；初读不解，始先治叔本华之学，以期借径而通汗德。
其治汗德之学，辍而复作者凡四次；乃倦于哲学而转治
文学。曾草《三十自序》一文，历述其倦于哲学之故云：

至于今年，于汗德哲学，从事第四次之研
究，则窒碍更少；而觉其窒碍之处，大抵其说
之不可恃者也。此则当日志学之初所不及料，
而在今日，亦得以自慰者也。

又云：

余疲于哲学有日矣；哲学上之说，大都可

爱者不可信，而可信者不可爱。余知其理，而余又爱其误谬伟大之形而上学，高严之伦理学，与纯粹之美学，此吾人所酷嗜也。然求可信者，则宁在知识论上之《实证论》，伦理学上之《快乐论》，与美学上之《经验论》。知其可信而不能爱，觉其可爱而不能信，此近二三年中最大之烦闷也。而近日之嗜好，所以渐由哲学而移于文学，而欲于其中求直接之慰藉者也。

又云：

以余之力，加之以学问，以研究哲学史，或可操成功之券。然为哲学家不能，为哲学史家则又不愿，此亦疲于哲学之原因也。

是知王氏因对于哲学，不无怀疑，乃舍之而治文学；晚年乃复以考古学著名。于介绍哲学之工作，未有结果。夫汗德为德国之大哲学家，国人闻其名多知之，而于其学说，则仅见一鳞一爪，无有能窥其全豹者。王氏之介绍不能成功，固可惜；而王氏以后，至今未有人能尽此介绍之任者，国人学术思想之贫弱，可见一斑矣。

王氏所介绍者，为叔本华与尼采二人之学说。而于叔本华较详，于尼采则较略。其述叔本华之哲学云：

汗德以前之哲学家，除其最少数外，就知识之本质问题，皆奉素朴实在论。即视外物为先知识而存在，而知识由经验外物而起者也。……汗德独谓吾人知物时，必于空间及时间中，而由因果性整理之。然空间时间者，吾人感性之形式；而因果性者，吾人悟性之形式；此数者皆不待经验而存，而构成吾人之经验者也。故经验之世界，乃外物之入于吾人感性悟性之形式中者，与物之自身异。物之自身，虽可得而思之，终不可得而知之，故吾人之所知者，惟现象而已。叔本华于知识论上，奉汗德之说曰：世界者，吾人之观念也；一切万物，皆由充足理由之原理决定之；而此原理，吾人知力之形式也。物之为吾人所知者，不得不入此形式；故吾人所知之物，决非物之自身，而但现象而已；易言以明之：吾人之观念而已。然则物之自身，吾人终不得而知之乎？曰，否，他物则吾不可知，若我之为我，则为物之自身之一部，昭昭明矣。而我之为我，其现于直观中，则块然空间及时间中之一物，与万物无异。然其现于返观时，则吾人谓之意志而不疑也。而吾人返观时，无知力之形式，行乎其间，故返观时之我，我之自身也。然则我之自身，意志也。而意志与身体，吾人实视为一物；故身体者，可谓意志之客观化，即意志之入于知力之形式中者也。吾人观我时，得由此二方面；而观物时，只由一方面，即惟由知力之形式中观之；故物之自身，遂不得而知。然由观我之例推之，则一切物之自身，皆意志也。（《*静庵*

文集·叔本华之哲学及其教育学说》)

于此可见叔本华之知识论，与汗德不同之处。汗德谓经验的世界，有超绝的观念性，与经验的实在性。叔氏则一转其说，谓一切事物，有经验的观念性，超绝的实在性。故其知识论，自一方面观之，则为观念；自他方面观之，则又为实在论；而与昔之素朴实在论，则迥然不同。

叔氏之知识论，既侧重意志，于是对于形而上学，及心理学，改变古来之主知论，而倡为主意论。盖彼既由吾人之自觉，而发见意志为吾人之本质，因之以推论世界万物之本质，自是当然之结果。其言云：

> 吾人苟旷观生物界，与吾人精神发达之次序，则意志为精神中之第一原质，而知力为其第二原质，自不难知也。……就实际言之，则知识者，实生于意志之需要；一切生物，其阶级愈高，其需要亦愈增；而其所需要之物，亦

愈精而愈不易得；而其知力，亦不得不应之而愈发达。故知力者，意志之奴隶也；由意志生，而还为意志用者也。……至天才出，而知力遂不复为意志之奴隶，而为独立之作用。然人之知力之所由发达，由于需要之增，与他动物固无以异也。则主知说之心理学，不足以持其说，不待论也。心理学然，形而上学亦然。（同上）

王氏谓叔本华之说出，而形而上学、心理学渐有趋于主意论之势，大有造于斯二学，其言诚然。叔本华更由形而上学，进说美学。其言云：

夫吾人之本质，既为意志矣。而意志之所以为意志，有一大特质焉，曰：生活之欲。何则？生活者非他，不过自吾人之知识中所观之意志也。吾人之本质，既为生活之欲矣；故保存生活之事，为人生惟一大事业。……向之图个人之生活者，更进而图种姓之生活。……于是满足与空乏，希望与恐怖，数者如环无端，而不知其所终。……然则此利害之念，竟无时或息欤？吾人于此桎梏之世界中，竟不获一时救济欤？曰：有。惟美之为物，不与吾人之利害相关系，而吾人之观美时，亦不知有一己之利害。……若不视此物为与我有利害之关系，而但观其物，则此物已非特别之物，而代表其物之全种，叔氏谓之曰实念；故美之知识，实念之知识也。而美之中，又有优美与壮美之别：……此二者之感吾人也，因人而不同；其知力弥高，其感之也弥深；独天才者，由其知力之伟大，而全离意志之关系，故其观物也，视他人为深；而其创作之也，与自然为一；故美者，实可为天才之特许物也。若夫终身局于利害之桎梏之中，而不知美之为何物者，则滔滔皆是。且美之对吾人也，仅一时之救济，而非永远之救济，此其伦理上之拒绝意志之说，所以不得已也。（同上）

叔氏于伦理学上拒绝意志之说，究如何立脚？王氏以为叔氏之伦理学，可从其形而上学进窥之。其言云：

> 从叔氏之形而上学，则人类于万物，同一意志之发现也。其所以视吾人为一个人，而与他人物相区别者，实由知力之蔽。夫吾人之知力，既以空间时间为其形式矣，故凡现于知力中者，不得不复杂；既复杂矣，不得不分彼我；然就实际言之，实同一意志之客观化也。……故空间时间二者……个物化之原理也。自此原理，而人之视他人及物也，常若与我无毫发之关系。……若一旦超越此个物化之原理，而认人与己皆此同一之意志，知己所弗欲者，人亦弗欲之。各主张其生活之欲，而不相侵害；于是有正义之德。更进而以他人之快乐，为己之快乐；他人之苦痛，为己之苦痛；于是有博爱之德。于正义之德中，己

之生活之欲，已加以限制；至博爱，则其限制又加甚焉。故善恶之别，全视拒绝生活之欲之程度以为断。其但主张自己之生活之欲，而拒绝他人生活之欲者，是为过与恶。主张自己，亦不拒绝他人者，谓之正义。稍拒绝自己之欲，以主张他人者，谓之博爱。然世界之根本，以存于生活之欲之故，故以苦痛与罪恶充之。而在主张生活之欲以上者，无往而非罪恶。故最高之善，存于灭绝自己生活之欲；且使一切物皆灭绝此欲，而同入于涅槃之境。此叔氏伦理学上最高之理想也。

（同上）

王氏以为叔氏在哲学上之位置，在古代可比于希腊之柏拉图；在近世可比于德意志之汗德。然柏拉图之说真理，犹被以神话之面具，而叔氏则否；汗德之知识论，仅为破坏的，而叔氏则为建设的。且自叔氏以降之哲学家，罔不受叔氏学说之影响。王氏之推崇叔氏，可谓至矣。其对于叔氏学说之研究，十分透彻，故介绍亦颇得要领。

十九世纪德意志之哲学界，有二大伟人焉：曰叔本华；曰尼采。王氏于介绍叔本华学说之后，又介绍尼采之学说。尼采之学，出于叔氏，其初极端崇拜之，其后乃极端与之反对。王氏作《叔本华与尼采》一文（见《静庵文集》），比较二人之说，以明其所以反对之理由。其言云："二人以意志为人性之根本也同；然一则以意志之灭绝，为其伦理学上之理想，由意志同一之假说，而唱绝对之博爱主义；一则反之，而唱绝对之个人主义。……尼采之学说，全本于叔氏，其后虽若与叔氏反对，要不外以叔氏之美学上之天才论，应用于伦理学而已。"此则王氏能深窥二人之学说，得到最确之评论也。

尼采之伦理学，出于叔氏，而独趋于反对之方面。盖尼采亦以意志为人之本质，而于叔氏之意志灭绝说，则不以为然；谓欲灭绝此意志者，亦一意志也，故不满其说。而于叔氏之美学中，则发见其可模仿之点，即取其天才论与知力之贵族主义，为其超人说之根据。是则尼氏之说，乃彻头彻尾，发展其美学上之见解，而应用于论理学者也。叔氏谓吾人之知识，无不从充足理由之原则者，独美术之知识则不然。其言曰："美术者，离充足原理之原则，而观物之道也。……天才之方法也。"……尼采乃推之于实践上，而以为道德律之于个人，与充足原理之于天才，一也。……由叔本华之说，最大之知识，在超绝知识之法则；由尼采之说，最大之道德，在超绝道德之法则。……于是由知之无限制说，转而唱意之无限制说。……至说超人与众生之别，君主道德与奴隶道德之别。……叔氏谓知力上之阶级。惟由道德联结之；尼氏则谓此阶级，于知力道德，皆绝对的不可调和。此其见解虽不同，而应用叔氏美学之说于伦理上，则昭然可睹也。

叔本华与尼采二人，性行相似，知力之伟大相似，意志之强烈亦相似。其在叔本华则曰：

> 世界者，吾人之观念也。于本体之方面，
> 则曰：世界万物，其本体皆与吾人之意志同；

而吾人与世界万物，皆同一意志之发现也。自他方面观之：世界万物之意志，皆吾之意志也。于是我所有之世界，自现象之方面，而扩于本体之方面；而世界之在我，自知力之方面，而扩之于意志之方面。然彼独以今日之世界为不满足，更进而求最完全之世界，故其说虽以灭绝意志为归……非真欲灭绝也，不满足于今日之世界而已。……彼之形而上学之需要在此；终身之慰藉亦在此。……若夫尼采，以奉实证哲学故，不满于形而上学之空想；而其势力炎炎之欲，失之于彼岸者，欲恢复之于此岸；失之于精神者，欲恢复之于物质。……彼效叔本华之天才，而说超人；效叔本华之放弃充足理由之原则，而放弃道德；高视阔步，而恣其意志之游戏；宇宙之内，有知意之优于彼，或足以束缚彼之知意者，彼之所不喜也。故彼二人者，其执无神论，同也；其唱意志自由论，同也。……其所趋虽殊，而性质则一。彼等之所以为此说者，无他，亦聊以自慰而已。

王氏介绍尼采之学说，不及其说叔本华之详。至民国九年，《民铎》杂志第二卷之《尼采号》出版，其中有《尼采传》及其一生之思想，叙述乃比较详备。

第五节　结论

王氏于举国未曾注意德意志哲学之时，独能首先为之介绍。虽未克终其业，然其功亦不可没也。王氏自言疲于哲学，渐移其兴趣于文学；而以我国文学之最不振者，莫若戏曲，思有以董理之，于是有《戏曲考源》、《唐宋大曲考》、《曲调源流考》之作。及殷墟文出土，王氏又转其方向于考古学；于龟契之文，凿空创通，为之笺释，卓然大成。清代考证学之途穷，一转另辟一新天地，蔚为考古学，实王氏为之枢纽也。